两国学馆【双色版】

中国文明考古

冯慧娟 ◎ 主编

辽宁美术出版社

图书在版编目（CIP）数据

中国文明考古 / 冯慧娟主编 . -- 沈阳：辽宁美术

出版社 , 2017.10（2019.6 重印）

（众阅国学馆）

ISBN 978-7-5314-7777-8

Ⅰ . ①中… Ⅱ . ①冯… Ⅲ . ①文化史—中国 Ⅳ .

① K203

中国版本图书馆 CIP 数据核字 (2017) 第 261830 号

出 版 社：辽宁美术出版社

地　　　址：沈阳市和平区民族北街 29 号　邮编：110001

发 行 者：辽宁美术出版社

印 刷 者：三河市燕春印务有限公司

开　　　本：787mm×1092mm　1/32

印　　　张：5

字　　　数：94 千字

出版时间：2017 年 10 月第 1 版

印刷时间：2019 年 6 月第 4 次印刷

责任编辑：孙郡阳

装帧设计：彭伟哲

责任校对：郝　刚

ISBN 978-7-5314-7777-8

定　　　价：25.00 元

邮购部电话：024-83833008

E-mail：lnmscbs@163.com

http://www.lnmscbs.cn

图书如有印装质量问题请与出版部联系调换

出版部电话：024-23835227

前言 | FOREWORD

前言 | FOREWORD

　　从恢弘的秦陵兵马俑到谜团重重的楼兰古国，从闻名于世的马王堆汉墓到被誉为"东方庞贝"的尼雅遗址，中华古文明一直都令世人惊叹不已，而这些也仅是其冰山一角。中华文明是世界上最古老的文明之一，也是世界上持续时间最长的文明。中华文明饱经沧桑，绵延不断地发展至今。

　　随着朝代的更迭和岁月的变迁，昔日的繁华逐渐被历史的云烟吞没。无数故事被尘封，无数城池皆湮灭，那些皇陵宝藏、古代王宫、不翼而飞的猿人头骨、无法估价的青铜金面人头像，都被历史小心收藏。失落在时间与历史之间的中华文明渐渐地成为一个个不解之谜。虽然对于人类文明而言，无数次的兴起与湮灭，是人类历史不断发展进步的必然结果。但作为华夏子孙，我们有责任和义务去了解和还原祖先留给我们的丰富的文化

遗产，而考古学家们呕心沥血的研究则为我们打开了通往远古的大门。

因此，编者参考了众多考古史料，拨开层层历史迷雾，用难得一见的材料和详细生动的故事，编著了这本《中国文明考古》。本书选取了周口店猿人遗址、殷墟遗址、三星堆遗址、南越王陵等考古中惊心动魄的发掘历程，讲述了其中的曲折与执着、震撼与感动、智慧与惋惜，众多历史谜团一一揭开展示了风云变幻、波澜壮阔的历史画卷。

相信通过阅读此书，一定可以让读者在享受文学阅读乐趣的同时，更深刻地了解和感受博大精深的华夏文明。

目录

目录

目录

第一章 周口店猿人遗址

周口店猿人遗址

位 置	中国北京市西南周口店
年 代	约60万年前
点 评	远古时期亚洲人类社会的罕见史证

猿人头盖骨惊现龙骨山

位于北京房山周口店村西的龙骨山，山上有无数的山洞，这些山洞是约60万年前"北京人"的家。远古的"北京人"之所以选择周口店地区定居，是因为这里的石灰岩易被水溶解，形成了许多天然洞穴和裂隙，为远古人类提供了良好的居住条件。"北京人"头盖骨就是在这里被发现的。1921年春，瑞典地质学家、考古学家安特生和奥地利古生物学家斯丹斯基来到北京周口店附近考查。在龙骨山，安特生发现，在一大堆动物化石中有

北京周口店龙骨山猿人洞遗址

一些白色带刃的脉石碎片，这些锋利的石头碎片是不是古人用来切割兽肉的呢？他说："我有一种预感，中国人祖先的遗骨就躺在这里。"之后，奥地利古生物学家斯丹斯基果然在此发现了两颗猿人牙齿。加拿大籍解剖学家布达生在对这两枚牙齿进行了仔细的研究之后，提出这是一个古人类的新种属——北京猿人。之后，在布达生的努力下，美国洛克菲勒基金会答应出资两万四千美元赞助周口店猿人的发掘工作。

　　1928年，刚从北京大学地质系毕业不久的裴文中来到了这个倍受世界关注的地方。1929年末的一天，就要收工的时候，裴文中发现在主洞与裂隙交叉的地方有个小洞。在同伴的牵引下，裴文中徐徐滑入刚刚发现的那个小洞，在马灯微弱的灯光下，他仔细寻找着。突然，洞内传来裴文中的尖叫声："这是什么？是头盖骨！"一颗完整的猿人头盖骨的发现证实了安特

北京猿人生活的洞穴

周口店北京猿人遗址入口处

生的预言。

　　1929年12月2日下午4时，这是一个值得永远记住的时刻。第一个"北京人"头盖骨被挖出来之后，大家用棉被将它包起来，迅速送往北京地质所。当时参与这项研究工作的布达生抱着这个头盖骨化石，激动得双手颤抖，差点将头盖骨掉到地上。当他缓过神来后，又突然在头盖骨上亲吻了三次。经研究，确认这是一个少年男性北京猿人的头盖骨。这一爆炸性新闻迅速地从北京传遍了世界。

　　1931年，裴文中赴法留学，23岁的贾兰坡来到周口店，开始主持这里的发掘工作。很长一段时间，发掘工作都没有大的进展，许多人都撤离了周口店。转眼就到了1936年，如果再无进展，美国的洛克菲勒基金就要中断对周口店发掘工作的支持。面对困境，贾兰坡坚持着。11月15日上午，技术工人张海泉在砂土层中挖到了一块碎骨片，贾兰坡拿来一看，不由大吃一惊：这不是人头骨吗？贾兰坡马上派人将现场围了起来，进行更为细致的挖掘。他们渐渐发现了许多头盖骨碎片，耳骨、眉骨也露了出来——这是一个完整的头盖骨碎片。在下午的发掘中又发现了另外一个裂成碎片的头盖骨。26日上午，奇迹出现了，他们发现了一个非常完整的头盖骨，连神经大孔的后缘、眉骨上部及眼孔外部都完好无损。11天内连续发现3个远古人类头盖骨的消息再次震惊了世界。

考古人物贾兰坡

贾兰坡，1908年11月25日生于河北省玉田县邢家坞村。我国著名的旧石器考古学家、古人类学家、第四纪地质学家；中国科学院资深院士、美国国家科学院外籍院士、第三世界科学院院士。他是一位没有大学文凭而登上科学殿堂的传奇人物。1929年12月4日，裴文中先生发现了第一个"北京人"头盖骨，引起了世界轰动，在他手下工作的贾兰坡决心要像裴先生一样，做出一番成绩。1936年11月，他在11天之内连续发现了3个"北京人"头盖骨，为我国考古工作做出了杰出贡献。

无价头盖骨离奇失踪

"北京人"头盖骨的发现对研究人类起源和进化史都具有特殊的意义，可谓无价之宝。1937年卢沟桥事变爆发，日军全面侵华。这不仅阻断了周口店"北京人"遗址的发掘工作，也给这些国宝级头盖骨带来了灾难。事变爆发后不久，北京失陷，战火蔓延到了周口店。周口店考古工作被迫停止。1941年秋，考虑到战火的威胁，有关人员决定委托美国大使馆将这些国宝级化石秘密运往美国，暂时由美国代为保管。化石准备由

复原后的北京猿人头盖骨

美国海军陆战队队员运往秦皇岛，再搭乘美国的"哈里逊总统号"轮船，前往美国。

有关人员秘密地把历年发现的"北京人"化石标本全部装进了两个大木箱，装箱时，每件"北京人"头骨化石都先拿擦镜头用的白棉纸包好，再包以软纸，然后裹上医用脱脂棉，包上几层医用细棉纱布，最后再用厚的白纸包裹，将之放入小木箱内。小木箱内垫有几层黄色的瓦楞纸，然后再将这些装有标本的小木箱，分装在两个大木箱内。至于牙齿化石，则是用装首饰用的小纸盒装的，盒内填以棉花，盒上面有玻璃，在玻璃上贴有镶红边的标志，上有标明牙齿部位的符号。小纸盒是放入小木箱后，再装进大木箱的。两箱除分别标有 Case 1 和 Case 2 外，并无标签及其他标记。

这两个装有化石的木箱被交到了美国海军陆战队上校阿舒

尔斯手里，他委派一位名叫福莱的军医将箱子运往秦皇岛。受命之后，福莱先将箱子寄往秦皇岛霍尔坎伯兵营，随后他也赶往秦皇岛，等待由上海开来的"哈里逊总统号"。令人意想不到的是，"哈里逊总统号"还没到，"珍珠港事件"爆发，霍尔坎伯兵营被日军占领，美国海军陆战队队员都成了战俘，被押往天津战俘营。"北京人"头盖骨化石从此下落不明。

抗战胜利后，中国驻日代表团曾设法在东京寻找"北京人"头盖骨的下落，美军总部也曾动员在华美军寻找"北京人"的下落，结果都是不了了之。然而，种种迹象表明，"北京人"化石并未真正遗失，但它究竟藏在哪里呢?

蓝田猿人头盖骨的发现

1964年11月初，我国科学工作者在陕西省蓝田县的公王岭，发现一个猿人头盖骨。这是我国现有的唯一的猿人头盖骨。猿人头盖骨是研究人类起源极为珍贵的资料。到目前为止，世界上只有我国的周口店、蓝田，印度尼西亚爪哇，阿尔及利亚突尼芬和坦桑尼亚发现过猿人头盖骨。蓝田猿人可能比北京猿人还要早，距离现在已有五六十万年。

"北京人"是食人族吗

19世纪中叶，全球掀起了一股寻找人类祖先的风潮，西方探险家的足迹遍布从欧洲到非洲的广大区域。然而，半个世纪过去

第一个北京猿人头盖骨的发现者裴文中

了，人类的史前世界仍然是未解之谜。19世纪末，苦苦寻觅的探险家们将注意力转向了东方。1929年12月，"北京人"头盖骨的发现震惊了世界。中国，这片古老而神奇的土地，吸引了全世界的目光。

1935年春，德国知名古人类学家魏敦瑞也赶到了中国。在北京协和医学院B楼的办公室里，他接手负责北京猿人的发掘和研究工作。北京猿人的发掘结果震惊了世界。从石器、用火的遗迹到完整的猿人头盖骨，周口店将人类的历史起码向前推进了50万年，这里甚至被认定为人类起源的圣地。

面对这样一个结果，魏敦瑞感到异常兴奋，他夜以继日地投入到研究工作之中。1936年冬，贾兰坡连续找到了三颗猿人头盖骨，这是世界上首次一下发现如此多的古人类头骨。魏敦瑞对头骨爱不释手，在他眼中，它们无比完美，但让他感到奇怪的是，头骨上总有一些裂纹和孔洞，看起来像伤痕，这让魏敦瑞一时迷惑不解。

就在北京不断传来好消息的同时，世界各地对祖先的寻找也从没有停止，虽然很多发现都无法与北京猿人媲美，但人类的史前世界开始被一点点披露出来。随着对人类祖先的了解越来越多，一种不安的感觉弥漫开来。

1899年，考古学家在克罗地亚的克拉皮纳山洞里发现了欧洲的史前人类——13万年前的尼安德特人的头骨和四肢骨骼，但他

南方古猿生活场景想象图

正在研究北京猿人头盖骨的魏敦瑞（左）

们破碎得很厉害——足足有650块，而且骨骼上还布满了击打和烧过的痕迹。1909年在法国的费拉西山洞发掘出的另一颗尼安德特人头骨破裂得也很严重，以至于有人猜测是被人砸破头吃了脑浆。

　　1924年在南非还发现了距今数百万年的南方古猿化石，可是对于他们头上圆形尖状物打击的痕迹，发现者之一雷蒙·达特博士肯定地说：显然，他们的脑袋都被同类打破过。

　　越来越多的发现都指向了一个可怕的事实：原始人可能普遍参与了一件骇人听闻的事情——人吃人！

　　北京猿人和"人吃人"有关吗？北京猿人的发现对每个中国人来说，都代表着一种荣耀。北京猿人将人类历史向前推了50万年。备受赞誉的北京猿人怎么会和"人吃人"有关，这是想都不敢想的事情。

　　50万年前的北京周口店是一片茂密的原始森林，山间鸟语花香，北京猿人就生活在这里。他们会打制各种工具，还会利用石器猎取各种各样的动物，连凶猛的剑齿虎，也会沦为"北京人"捕杀的对象。北京猿人更会灵活地使用

魏敦瑞和助手在发掘现场（漫画）

火，火不仅给他们带来光明和温暖，也孕育了人类文明。

但是魏敦瑞在研究分析过程中不仅发现北京猿人头骨表面留有多处凿痕、切痕、凹痕，而且还发现周口店出土的其他动物化石，躯干骨和四肢骨都是多于头骨，但北京猿人却恰恰相反。发掘出的北京猿人头盖骨，头颅面部和底部的骨骼没有多少，却有较多的头盖骨部分。

魏敦瑞认为，从结构上说，人的颅骨主要由前面的面颅和后上方的脑颅组成，而北京猿人都只剩下了头盖骨，绝对不正常。他推测，北京猿人将同类脆弱的面部砸碎，取食脑髓，最后只留

安德特人埋葬同伴

下了坚硬的头盖骨。魏敦瑞是最早断言北京猿人食人的学者。

1939年，意大利考古学家在罗马南部齐尔切奥小岛上，发现了一个20万年前的山洞。山洞深处有颗人的头颅：底部有一个大洞，整个头颅严重破裂，而人体其余部位的任何骨骼都找不到。研究人员测定这是20万年前欧洲史前人类尼安德特人的头骨，他头部的右侧明显遭到过凶狠的击打，由此断定这个尼安德特人丧生在其同类手下。

魏敦瑞认为意大利考古学家发现的尼安德特人的头骨和北京猿人头盖骨非常相似：他们的头骨都受到打击，头骨和肢骨数量的比例都极不相称。他由此得出了北京猿人也是食人族的论断。

在经过深入分析之后，魏敦瑞认为50万年前的周口店曾经同时生存着两类猿人：一类人头脑发达，另一类四肢发达却头脑简单。而这种大脑的差距可能导致了在极其残酷的生存状态下出现了人吃人的惨剧，头脑简单的沦为了头脑发达的猿人的猎物。

考古人物魏敦瑞（Weidenreich, Franz）

魏敦瑞（1873—1948），德国解剖学家，古人类学家。1899年获德国施特拉斯堡大学医学博士学位。1935—1941年在北京协和医学院任教，并接替病故的加拿大学者步达生，担任中国地质调查所新生代研究室名誉主任，继续研究北京人化石。1936—1943年，在《中国古生物志》上发表了《中国猿人头骨》《中国猿人下颌骨》等一系列专著，至今仍是研究古人类特别是直立人化石必不可少的重要参考文献。他后来又研究过印度尼西亚的爪哇人、昂栋人及华南发现的巨猿化石。

第二章

商都殷墟遗址

商都殷墟遗址

位 置	中国河南省安阳市西北
年 代	中国商代晚期（约公元前1300年—公元前1046年）
点 评	中国历史上有文献可考、并为甲骨文和考古发掘所证实的最早的古代都城遗址

"龙骨"泄露天机

　　1899年的一天，清光绪朝国子监祭酒（清代最高学官）王懿荣突发疟疾。生病就得吃药，在他要喝的中药中，"陈年龟甲"（也称作龙骨）是必备的药引。王懿荣正要将龟甲碾碎放入药中时，突然发现"龙骨"上面刻有类似篆文的东西，而且那绝不是天生的纹路。更加令人惊讶的是，这些花纹之间似乎存在着某种联系，耐人寻味。王懿荣急忙赶至药铺，出"高价"将所有的"龙骨"都收购了。

　　王懿荣本身是一位金石家，对钟鼎、籀、篆等文字颇有造诣。对"龙骨"反复研究后，王懿荣断定，所谓"龙骨"，有的是龟甲，有的是牛肩胛骨，"龙骨"上的符号则是一种古老的文字。后来，他把"龙骨"称为甲骨，甲骨上的符号则称作"甲骨文"。

经过不断努力，王懿荣收集到上千块甲骨。可他还没来得及仔细整理，八国联军就侵占了北京，王懿荣不甘国辱投井殉难。他死后，其子孙难承父业，便将甲骨卖给了刘鹗。刘鹗不仅是《老残游记》的作者，而且对古文字很有研究。1903年，刘鹗将他收藏的甲骨精选一千多件拓印成书，取名《铁云藏龟》。《铁云藏龟》是世界上第一本著录甲骨文的著作，它的出版使3000年前我国最古老的象形字得以面世，轰动了中外。

甲骨及其上的甲骨文

遗憾的是，刘鹗并没有探本求源。后来，著名国学家罗振玉着手研究甲骨文，并试图揭开"龙骨"来源之谜。1915年，罗振玉几经周折，终于寻访到了"龙骨"的起源地——河南安阳小屯。

对于中国考古学界来说，1928年是非常重要的一年。1928年在西方现代科技影响下成立的"中央研究院"下设历史语言研究所，傅斯年任首任所长。傅斯年一直非常关注殷墟甲骨文，这年8月，他委派董作宾前往安阳进行调查。在实地调查后，董作宾发现殷墟遗址的发掘已到了刻不容缓的地步。在"中央研究院"院长蔡元培的支持下，1928年10月7日正式对殷墟进行发掘，这不仅拉开了科学发掘殷墟的序幕，也奏响了我国科学考古的乐章。

殷墟是一座文化宝库，它不断为人们带来惊喜。武官村大墓、妇好墓、郭家庄160号墓等遗址相继出土了一件件国宝。70多年来，考古工作者在殷墟共发现了宫殿宗庙建筑群遗址50多座、王陵大墓12座、贵族平民墓葬数千座、祭祀坑1000座、手工业作坊5处、车马坑30多座，以及大批青铜器、玉器、陶器、骨器等。所有这些，为人们展现了一个立体的中国古代社会形象。殷墟也成为世界闻名的古文化遗址。

甲骨文

甲骨文，商代的一种文字，也是我国现存最早的文字，是3000多年前人们在占卜和祷告时，刻在龟甲和兽骨上的符号和标记，用以记录当时发生的事。甲骨文的结构已由独体走向合体，并且有了形声字，已是一种相当成熟的文字了。在四千六百多个甲骨文单字中，目前已经辨识了一千七百多个。比甲骨文稍晚出现的文字是金文，金文也叫钟鼎文，是铸在或刻在商周青铜器上的铭文。

"青铜之王"现世

自从安阳小屯村发现甲骨文之后，当地质朴的村民逐渐意识到殷墟文物的价值，于是，有不少人私下里寻起宝来。1939年3月的一天上午，吴希增在吴培文的田地上用探杆寻找文物，当探

杆钻到地下十多米深的时候，触
到一个硬物，吴希增将探杆取
上来察看，发现原本坚硬的探
头卷了刃，上面还留有绿色的
铜锈，他意识到探到宝物了。

东西是在吴培文家的地里
发现的，按照村里的规矩，如果
真挖出了宝物，那么吴培文就拥
有一半的股份。深夜，吴培文找

后母戊大方鼎

来七八个村民，开始了挖掘工作。五小时后，村民们挖好了一
个大坑。吴培文来到坑底，拨开泥土，看到一截圆柱形器物，
并且器物上有精美的纹饰。就在这时，村子里传来了鸡叫声。
天亮之前不把东西挖出来，就很可能被日本鬼子发现。他们
决定第二天夜里再来挖。第二天夜里，大家加快动作，坑一点
点深了下去，一个巨大的青铜器露出了全貌。这个巨大的青铜
方鼎倾斜着挤靠在泥土之中，口朝东北，柱足朝西南，大如马
槽，但只有一个鼎耳，另一个鼎耳不知去向，人们在泥土中找
了很长时间也没找到。

大鼎出土后，因太重太大，移动困难，人们便想锯断大
鼎，然后运出。由于日本侵略者多次扫荡，村民们担心大鼎被
日寇掠走，便约好将大鼎重新掩埋。抗战胜利后，1946年6月大
鼎重新被挖掘出来。大鼎出土后，先存放在安阳县政府，同年
10月被转移到前中央博物院筹备处（新中国成立后称南京博物
院）。1959年，中国历史博物馆在北京建馆，大方鼎被运到北京。

后母戊鼎立耳、方腹、四足中空，除鼎身四面中央位置是无纹饰的长方形素面外，其余各处皆有饰纹。在细密的云雷纹之上，各部分主纹饰各具形态。鼎身四面在方形素面周围以饕餮作为主要纹饰，四面交接处，则饰以扉棱，扉棱之上为牛首，下为饕餮。鼎耳外廓有两只猛虎，虎口相对，中含人头。耳侧以鱼纹为饰。四只鼎足的纹饰也匠心独具，在三道弦纹之上各施以兽面。鼎腹内壁铸有铭文"后母戊"。据考证，后母戊鼎应是商王室重器，其造型、纹饰、工艺均达到极高水平，是商代青铜文化顶峰时期的代表作。

后母戊鼎

后母戊鼎是中国商代晚期最重的青铜器，是商王武丁的儿子为祭祀母亲而铸造的。后母戊鼎高大厚重，通高133厘米，口长110厘米，口宽78厘米，重875千克。器形凝重，纹饰华美，体现了殷商时期中国青铜业的技术水平，具有重要的历史价值。此鼎用陶范铸造，鼎体浑铸，鼎耳后铸。鼎的化学成分为：铜84.77%，锡11.64%，铅2.79%，其他0.8%。

辉煌灿烂的殷墟文明

以都城建设、甲骨文、青铜器为代表的商都殷墟文化遗址集中体现了中国古代文明的灿烂和辉煌，在中国乃至世界文明史上都占有极其重要的地位。殷墟宫殿宗庙区位于洹河南岸的小屯村东北，西距小屯村约200余米。南北长约1000米，东西宽约650

米，总面积达71.5公顷，是殷墟最重要的遗址。

妇好墓出土的夔龙纹象牙杯

1976年在宫殿宗庙区附近（小屯村西北约100米）发现的妇好墓是1928年以来殷墟宫殿宗庙区最重要的考古发现之一，也是殷墟科学发掘以来发现的唯一保存完整的商代王室成员墓葬。妇好墓是目前唯一能与甲骨文联系并断定年代、墓主人及其身份的商代王室墓葬。它的发现为研究商代文化、艺术、礼制提供了宝贵的资料，对探讨商代的社会分工和生产力水平，研究商代社会历史具有十分重要的意义。

据记载，妇好是商王武丁的妻子，是中国历史上第一位有文字记载的女将军。相传妇好善于带兵，武艺高强，后来成为商王军队的统帅，驰骋疆场，先后西征羌方，东征印方，北征土方，征战20余个方国，立下赫赫战功。妇好死后，商王武丁破例在王宫旁为她建墓，并陪葬大量珍宝，还修了享堂，四时享祭。

殷墟宫殿宗庙区还分布着为数众多的甲骨窖穴遗迹。自19世纪末发现甲骨文以来，这里共出土甲骨约15万片，震惊了世界。这些甲骨的内容极为丰富，包括祭祀、田猎、农业、天文、军事、王室等，涉及商代社会生活的方方面面，被称为人类历史上最早

妇好三联甗

的"档案库"和"百科全书"。

后冈遗址是殷墟的重要遗址，1934年，著名考古学家梁思永在这里发现了著名的仰韶文化、龙山文化、殷文化的三叠层遗迹，解决了三者的年代顺序问题，轰动了中外学术界。后冈遗址的殷商文化与中国新石器时代的文化一脉相承，是探索商代文明乃至中国古代文明起源的重要线索。

一个世纪以来，随着考古发掘的不断深入，殷墟的范围在不断扩大。尤其是近年来，殷墟考古仍不断有惊世发现。辉煌而又独具东方色彩的殷墟文化，在中华文明史上占有极其重要的地位，是人类青铜文化的杰出代表，是中华民族对世界的重要贡献。正是由于如此重要的意义，殷墟的发现和发掘被评为20世纪我国"100项重大考古发现"之首。

妇好偶方彝

　　妇好墓虽然墓室不大，但保存完好，随葬品极为丰富，共出土不同质料的随葬品1928件，有青铜器、玉器、宝石器、象牙器等，其中青铜器和玉器最能体现殷墟文化的发展水平。青铜器共468件，多成对或成组，铸有"妇好"铭文的鸮尊、盂、小方鼎各一对，成组的如圆鼎12件，每组6件，铜斗8件，每组4件。刻有"司母辛"铭文的大方鼎、四足觥各一对。有铭文的铜礼器有190件，其中铸"妇好"铭文的有109件，且多大型重器，造型新颖别致。鸮尊、圈足觥造型美观，花纹繁缛。首次问世的有三联甗、偶方彝等。三联甗是灶形器，与甑配套使用，它可以同时蒸出三大甑相同或不同的食品，又可移换位置，使用方便，是炊具的创新。

第三章

三星堆遗址

三星堆遗址

位 置	中国四川省广汉市城西南兴镇
年 代	约4700年前
点 评	中华文明的孤旅

三星堆重见天日

　　地处川西平原的广汉市，美丽富饶，历史悠久。在广汉市城西约8千米的地方有一个叫"三星"的村庄，在村子的北面有一条清澈的小河，叫"鸭子河"。鸭子河自西北向东静静地流淌。紧挨着

青铜纵目面具

鸭子河，还有一条宽达十米的大河，那就是马牧河。在马牧河的南岸原来有三个高高的黄土堆，这就是驰名中外的"三星堆"。

河流穿越千年风沙，湍湍流逝。鸭子河、马牧河见证了古蜀国沧海桑田的变迁。在马牧河的北岸有一高出地面、两头尖、中间弯，如月牙状的地带，这就是与三星堆遥遥相对的月亮湾。三星堆与月亮湾隔河相望，相依相偎，素有"三星伴明月"之美誉。这里也被称为广汉的"风水中心"，震惊世界的"三星堆"就是在这里被发现的。

玉璋

1929年2月的一天，春天的原野生机勃勃，月亮湾的农民燕道诚在宅旁挖水沟，准备安放水车。燕道诚的儿子燕青保正在卖力地挖着，突然"嘭"的一声，锄头磕在了石头上，泥浆飞溅。燕青保没有在意，继续挖着，过一会儿，"嘭"，又是一声闷响，震得他虎口直发麻。燕青保弯腰扒开泥土，一个白色玉石环呈现在眼前。燕道诚闻声赶来，跳入沟中，与儿子一起轻轻撬开了石环，一大堆光彩夺目的玉石器出现在他们眼前。父

金杖

三星堆博物馆

子二人完全被眼前的景象惊呆了。虽然不懂得这些文物的价值，但本能告诉他们，这是宝贝。于是他们赶忙把石环盖好，并盖上泥巴。当日深夜，燕家五口趁着夜色全部出动，悄悄前往挖掘宝物。他们清理挖出的玉石器达三四百件之多，有璧、璋、琮、圭、珠、斧等。当燕道诚将这些宝物拿去变卖时，古董商人震惊了。燕家地里有玉器的消息不胫而走，许多人闻风而来，从此拉开了三星堆遗址考古的序幕。

　　燕氏父子在变卖那些玉石器的同时，也不忘送一些给当地驻军旅长陶宗凯。陶宗凯乃一介武夫，对古董没有什么研究，他找到了当时在华西大学地质系任教的葛维汉，请他帮忙鉴别。来自美国的葛维汉先生对古董颇有研究，看到这些玉器，他眼前为之一亮，初步认定这些玉器是周代礼器，乃稀世珍宝。谁也没有想到如此精美的玉器竟然出现在西南地区！

1934年葛维汉先生与华西大学的教授组成了三星堆遗址考古发掘队，奔赴广汉市三星堆。考古队在发掘的过程中，发现玉器、石器、陶器等稀世珍宝600多件，迈出了三星堆遗址考古发掘的第一步。回到成都后，葛维汉专门整理出了一份考古材料，名为《汉州发掘简报》，这是历史上第一份有关广汉古蜀文明遗址的考古发掘报告。在文中，他写道："在四川古墓中发现的珍贵文物，大约为公元前1000年左右的器物。"其先见卓识，令人惊讶与感叹！

　　20世纪50年代初期，为配合宝成铁路建设，考古学家再次来到月亮湾进行考查。在采集了大量石器和陶器标本之后，他们初步确定该遗址可能是西周时期的古遗址。1963年，四川大学历史系教授冯汉骥带领他的学生来到了月亮湾的高地上，冯教授认为这里极有可能是古代蜀人的"都城"。后来的考古发掘逐渐证明了冯先生的推测。

三星堆遗址公园

在经过了多次发掘与多年研究之后，1986年，三星堆遗址发掘进入了一个关键时期。在那个炎热的夏季，太阳炙烤着大地，考古队员耐着酷暑，悉心探索。突然，一点黄色的物体从黑色灰渣黯淡的颜色中跳了出来。大家屏息凝神，再用竹签和毛刷清理下去，一条金色的鱼纹清晰地显露了出来，接着又看到了鸟的图案。很快，一条雕刻着纹饰、弯弯曲曲的黄金制品露面了。"这恐怕是古蜀王的金腰带吧？"带着这一疑问，大家加紧了手头的工作。"金腰带出现了！"喊声震惊了在场的所有人。待到物品完全出土，人们发现，这不是一条腰带，而是一个1米多长的金权杖。金杖上的人物刻像为圆脸，嘴呈微笑之形，头戴"玉冠"，是一个身份极为特殊的人物。他与共刻在金杖上的鱼、鹰图案，

蚕丛部落最早的居住地——岷山

组成一幅典型的"象形文字"，极有可能表达的是带有王者之气的人。人们猜测这是古蜀世系表中所记载的蜀王，后来，金杖上刻的图案经过仔细辨认，正好是"鱼凫王"三个字，也就是说该金杖的主人应该就是"鱼凫王"。

考古人员顶着酷暑继续奋战，一具具神奇的面具、一件件晶莹剔透的玉器、一件件闪闪发光的金器离开了它们沉睡了几千年的泥土。考古人员对一号和二号祭祀坑进行了全面发掘，青铜立人像、黄金面罩、青铜神树等大批国宝横空出世。专家们经过研究，断定三星堆遗址至少是古代蜀国的都城之一。至此，发掘工作有了突破性进展，一下子使3000至5000年前的古蜀王国真真切切地呈现在人们面前。对于几无文字记载的上古蜀国，这一发现成了破译神话传说的"密码"。

三星堆遗址的发现震惊了世界，被史学界誉为"世界第八大奇迹"。遗址陆续出土了大量珍贵文物，包括青铜神树、青铜立人像、金杖、金虎、玉瑗、玉珠等。包括"七大千古之谜"在内的有关三星堆出土文物的许多重大学术问题，至今仍是难以破译的未解之谜，留待专家、学者们继续研究、探讨。

鱼凫王

新石器末期，蚕丛部落从岷山迁徙至成都平原。此次迁徙，通常被看作成都平原上蜀人建国的起点。根据《蜀王本纪》的记载，蚕丛之后，柏灌、鱼凫称王。柏灌的历史，古史并无详细记载。鱼凫的"凫"，古人也写成"妇"。《山海经》记载："有鱼偏枯，名曰鱼妇。颛顼死即复苏。风道北来，天乃大水泉，蛇乃化为鱼，是为鱼妇。颛顼死即复苏。"颛顼名高阳，是昌意与蜀山氏女之子，后来继承了黄帝帝位，是"三皇五帝"之一。古史记载说，颛顼曾把他的支庶分封在蜀，世代相传，称为蜀王、蜀侯，历夏、商、周三代。"颛顼死即复苏""是为鱼凫"，说的是一个叫鱼妇的部落（可能以鱼、凫为图腾）继承了颛顼部落；而"风道北来，天乃大水泉"则可能暗示着某次重大的历史事件。这样的记载让鱼凫王的族属变得更加迷离，不过鱼凫王是历代蜀王中唯一可以确定与"三皇五帝"有关联的。

青铜与黄金编织出的奇迹

三星堆两个大型祭祀坑的发现，上千件国宝级重器破土面世，震惊了世界。英国《独立报》撰文说三星堆的发现"比有名的中国兵马俑更非同凡响。"在三星堆出土的所有器物中，青铜器与黄金器物最引人注目。造型奇特的青铜塑像不仅在中国古代文明上非常罕见，在东方乃至整个世界艺术史上都占有极其重要的地位。

青铜鸡

被誉为"铜像之王"的青铜立人像在二号祭祀坑出土，总体高度将近3米，是目前世界上发现的最高的青铜立人像。这尊巨大的青铜立人像无论是从其面部表情、身体动作，还是衣着纹饰来看，都体现了浓厚的宗教色彩。根据考古学家的猜测，他可能是三星堆古国的蜀王，担任着整个王国军政、祭祀、祈祷的神圣职责，拥有着至高无上的地位。大立人出土时已经断成了两半，考古学家费尽九牛二虎之力把他复原后，发现他穿着一件华丽高贵的长衣，考古学上称之为王服。前裾过膝，后裾呈燕尾形，很像今天西方人穿的燕尾服；王服上还绣着飞翔的凤鸟和阴森的兽面纹，似乎是为了刻意营造出一种神秘气氛。

青铜立人像

西汉时的蜀人扬雄说，古蜀人的衣服很奇怪，是"左衽"，青铜大立人的服饰即是左衽，证明扬雄所言非虚。服饰史上，"衽"指的就是衣襟，左衽也就是说开口是朝左的。其实古代西南地区的民族，普遍有领口开口朝左的习惯。中原地区的古人服饰，几乎都是开口朝右的，这其中比较典型的是汉族的服饰，陕西秦始皇陵兵马俑的服饰就是统一右衽的。因此，左衽与右衽也成为考古学家辨别古人身份的重要依据。

从正面上看，青铜立人穿着一件"燕尾

服"。不过，让考古学家意外的是，从侧面看上去，他竟然层层叠叠穿了三层衣服：最外面是华丽的外衣，中间的衣服反而是最长的，最里面的内衣是最短的。燕尾形其实是中衣的下摆，而不是我们熟悉的像燕尾服一样拖在最外面。

这样奇怪的搭配在中国服饰史上是一个特例，一般我们熟悉的服饰都是外长内短的，缘何三星堆人的服饰恰恰相反，是外短内长的？以我们现在的眼光看来，这是一种奇怪的搭配。有人说这套王服是蜀王祭祀祖先、神灵时穿的古老法服，想要塑造的是一种虚无缥缈的感觉。三千多年前，古蜀王可能正是穿着这件雍容华贵的王服，频频出现在古蜀国的重要场合。

在这两座祭祀坑中，考古人员还发现了一种奇特的"不死"神树，或者叫

青铜神树

作"通天"神树。这是一种用青铜制作的树。其中最大的一棵高近4米，由树座、主干和三层树枝组成，造型奇特，装饰精美。令人称奇的是，在每个枝头都站立着一只青铜鸟，栩栩如生。除此之外，在树座下面还跪着三个背朝树干的人像，他们的表情威严庄重，使神树显得更加神圣。这棵青铜树是目前世界上发现时代最早、形体最大的植物形青铜器。据推测，后世兴起的"摇钱

树"很可能是在青铜神树的基础上发展而成的。有学者认为这种青铜器物受到西亚、中亚文化的强烈影响。

除了青铜器之外，在三星堆出土的黄金器也非常耀眼。青铜金面人头像就是其中的代表。该器物由铜头像和金面罩两部分组成。人头像为圆头顶，面部带着面罩至头顶，面罩上又铸出和金面罩相同的轮廓线。倒八字长眉，杏核状丹凤眼，蒜头鼻，鼻梁较短，阔口，闭唇，宽方颐，长条形耳廓，耳垂有一穿孔。金面罩与青铜人头像紧密闭合，造型、大小均与人头像相同。

千里眼、顺风耳

在众多的青铜人面像里有三件为著名的"千里眼、顺风耳"造型。它们体型非常庞大，眼球异常突出，双耳夸张之极。其中最大的一件通高65厘米、宽138厘米，圆柱形眼珠突出眼眶达16.5厘米。另一件鼻梁上方镶嵌有高达66厘米的装饰物，既像通天的卷云纹，又像长有羽饰翘尾卷角，势欲腾飞的夔龙，显得无比怪诞诡异。它们为这类糅合了人兽特点的硕大纵目——青铜人面像增添了煊赫的气势和无法破解的含义。

光彩夺目的蜀域文化

三星堆古蜀墓群的发现，揭开了蜀文化研究的新篇章。蜀文化从距今四五千年前的新石器晚期兴起，为中华民族五千年文化涂上了一层瑰丽的色彩。举世闻名的广汉三星堆遗址，是目前面积最大的蜀文化遗址。三星堆遗址的发掘表明，"以小平底罐、高柄豆、鸟头勺等器形为代表的这类文化遗存，在川西平原是自成体系的一支新文化。"古蜀先民创造了光辉灿烂的蜀域文明，三星堆文化是其鼎盛时期的杰出代表。

三星堆的发现震惊了国内外学术界。它的众多发现与长期以来人们对巴蜀文化的认识大相径庭，甚至有些地方是完全不同的。它的发现也验证了古代文献中对古蜀国记载的真实性。传统上认为古代巴蜀地区是一个相对封闭的地方，属于蛮夷文化，而三星堆遗址的发现证明它应是我国商周时期前后一个重要的诸侯国，它的文化以其独特性对周边地区产生巨大影响。蜀域文化的高度发达，甚至改变了人们一直以来以黄河流域为中华文明发祥地的一元史观。三星堆遗址打开了我们了解四川地区，甚至是我国西南地区历史文化发展的大门，让蜀域文化成为中华文明里一颗璀璨的明珠。

三星堆遗址的发现也是世界考古史上的重大发现，它改变了

三星堆文化——兽面具

诅盟场面铜贮贝器

人们对古代历史和文化的认识。世界考古学界公认，古文字的解读与破译属于重大的科学难题。当前在世界范围内完全没有被解读破译出来的古文字只有几种，其中就包括三星堆出土的这些符号。我们目前不仅无法破译文字，就连一些文物本身，考古学界也是前所未见的。

三星堆遗址内存在三种面貌不同但又连续发展的三期考古学文化，即以成都平原龙山时代至夏代遗址群为代表的一期文化，又称"宝墩文化"；以商代三星堆规模宏大的古城和高度发达的青铜文明为代表的二期文化；以商末至西周早期三星堆废弃古城时期为代表的三期文化，即成都"十二桥文化"。

在三星堆二期文化中，青铜文明的自身文化特点始终占据

古蜀道今景

主导地位，并且其影响范围也超出了传统的古蜀国分布的成都平原，扩散到陕南地区和江汉平原等地。同时青铜文明也融合了中原夏商文明及长江中游地区、陕南地区文明的优秀成果，创造出了光彩夺目的蜀域文化。

西南地区的巴蜀文化

　　与其他地域文化一样，巴蜀文化是中华文化的重要组成部分，有着悠久的历史和鲜明的地域特征。广汉三星堆遗址证明，早在4000多年前，巴蜀文化就已逐步形成且达到相当繁荣的程度。巴蜀文化以四川为中心，辐射到重庆、陕南、鄂西和云贵部分地区，由川东的巴文化和川西的蜀文化共同构成。先秦时期，四川盆地及其附近的广大地区曾建立过"巴""蜀"两大古国，故形成了瑰丽而奇特的"巴蜀文化"。汉末三国时期，巴蜀文化与中原文化逐渐融合。除了巴蜀文化之外，滇濮文化也是西南地区的著名古文化之一，主要分布于云南、贵州、四川及西藏东部、湖南西部、广西西部。

聚焦三星堆未解之谜

　　伴随着三星堆无数珍宝的横空出世，一串串惊天谜案接连而来：三星堆这些高鼻深目、颧面突出、阔嘴大耳，耳朵上还有穿孔的青铜人像到底是不是"古蜀人"的真实写照？它们来自何方？高度发达的三星堆文明为何突然从富饶的成都平原消

失？三星堆文明，难道真如境外媒体所推测的那样，是"外星人的杰作"？

未解之谜一：三星堆文明起源何方

三星堆的发现将古蜀国的历史

三星堆青铜人面具

推前到5000年前。这些数量庞大的青铜塑像充分表明这里曾经有过高度发达的古代文明。这些青铜塑像不归属于中原青铜器的任何一类。青铜器上也没有留下一个文字。究竟是谁在这里创造出如此辉煌的文明？总体上看，它反映的应该就是古蜀人的历史，据史料记载目前又有"鱼凫蜀王"和"杜宇蜀王"两种说法，究竟哪种说法更接近事实？

未解之谜二：三星堆人是"外星人"吗？

出土的青铜"三星堆人"大都高鼻深目、颧面突出、阔嘴大耳，耳朵上有穿孔，表情似笑似怒。这些人不像中国人，倒更像"老外"或"外星人"。一些境外媒体更对这些神秘的青铜人做出了大胆的猜测，说他们是远古外星人。

其实，古人的地理活动能力远远超出我们的想象。祭祀坑出土了六七十根象牙，部分青铜器上带有明显古波斯风格的纹饰，出土的一些陶酒杯与欧洲出土的同

三星堆出土的青铜太阳形器

期酒杯极为相似。由此看来，三星堆古蜀国可能与周边国家、甚至是更远的地方都有交流，三星堆文化可能受到西亚、近东、欧洲等异域文化的影响。甚至有学者认为，三星堆人有可能来自其他大陆，三星堆文明可能是"杂交文明"。虽然这些都是推测，但有一点可以肯定，三星堆文化是多元文化撞击的产物。

未解之谜三：消失的古都

从三星堆遗址可以看出，规模宏大的三星堆古城是在商周之际突然被遗弃的。古蜀国的繁荣至少持续了1500多年，然后这种高度发达的古文明又像它的突然出现一样突然消失了。当历史再次衔接上时，中间出现了2000多年的空白。关于古蜀国的灭亡，人们做出了种种猜测和假设。目前主要有水患说、战争说、迁徙说、灾难说等。三星堆遗址北临鸭子河，马牧河从城中穿过，因此有学者认为是洪水肆虐的结果。但考古学家并未在遗址中发现洪水留下的沉积层。遗址中发现的器具大多被事先破坏或烧焦，似乎又印证了古城毁于战争的解释。但后来人们发现，这些器具的年代相差数百年。迁徙说无需太多考证，但它实际上仍没有回答根本问题：人们为什么要迁徙？成都平原物产丰富，土壤肥沃，气候温和，灾难说似乎难以自圆其说。那么，古蜀国消失在历史长河的真正原因是什么呢？

未解之谜四：神秘的器具

三星堆出土的大量青铜器基本上没有生活用具，绝大多数是祭祀品。这表明古蜀国的原始宗教体系已比较完整。这些祭祀用品带有不同地域的文化特点，特别是青铜雕像、金杖等，与著名的美洲玛雅文化、非洲古埃及文化非常接近。甚至有学者认为，大量带有不同地域特征的祭祀用品表明，三星堆曾是世界的朝圣中心。

在坑中还出土了五千多枚海贝，经鉴定来自印度洋。有人说这些海贝用做交易，是四川最早的"外汇"；有人则说这是朝圣者带来的祭祀品。坑中出土的六十多根象牙则引起了学者们"土著象牙"与"外来象牙"的争议。

未解之谜五：文字还是图画

三星堆祭祀坑

三星堆二号祭祀坑出土的象牙及器物

在祭祀坑中发现了一件价值连城的瑰宝——世界最早的金杖。权杖之说早已被学术界认同，但其上所刻的鱼、鹰头等图案却引起了一场风波。一个民族必备的文明要素，三星堆都已具备，只缺文字。《蜀王本纪》认为古蜀人"不晓文字，未有礼乐"，《华阳国志》则说蜀人"多斑彩文章"。三星堆出土的金杖等器物上的符号是文字，是族徽，是图画，还是某种宗教符号？如果能解读这些符号，必将极大促进三星堆之谜的破解。

三星堆与石棺葬文化

　　三星堆遗址居民的族属为何？目前有氐羌说、濮人说、巴人说、东夷说、越人说等不同看法。多数学者认为岷江上游石棺葬文化与三星堆关系密切，其主体居民可能是来自川西北及岷江上游的氐羌系。石棺葬又被称为"石棺墓""石板墓""岩板墓"等。西南地区的石棺葬目前主要发现于青藏高原东部。这一地区是横断山脉以及纵贯其间的怒江、澜沧江、金沙江、雅砻江、岷江等多条水系所形成的一条上接甘青地区，中经藏东和川西高原，南抵滇西北高原的南北狭长走廊地带。自古以来许多民族沿此走廊活动迁徙，因而被人类学家和民族学家称之为中国西部最重要的"民族走廊"之一。

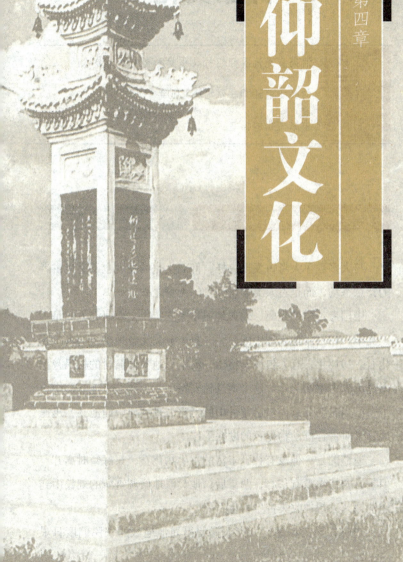

第四章

仰韶文化

仰韶文化

位　置	河南省渑池县仰韶村以及黄河流域中下游地区
年　代	约公元前5000—公元前3000年
点　评	中原文化的摇篮

收集石器得来的文明

　　与大多数重大考古发现一样，仰韶文化的发现也不是考古者的特意举动，而是古人类学研究者的无意之举。

　　中国考古学的先驱、瑞典地质学家安特生主要研究方向是古人类学。1911年他来到中国后，一直十分关注各地出土的古生物化石。1918年，有人告诉安特生，河南渑池县仰韶村的村民曾挖出过不少古生物化石。这个消息让安特生十分欣喜，他立即中止了自己当时在北京周口店龙骨山的考察，来到河南渑池县，迅速展开了对古脊椎动物化石的勘探工作。

　　遗憾的是，他没有找到丰富的古生物化石，只好暂时离开。但是，安特生没有灰心，两年后，他又派地质调查所的刘长山到渑池地区去帮他收集古生物化石。

　　当时，局势动荡，天灾人祸使得渑池地区的农民们度日艰

仰韶文化遗址

难。刘长山为了寻找线索，就以出钱求购的方式向农民收购化石或带有人工痕迹的石头。听说有人要买石头，很多生活窘迫的农民高兴地把自己耕地时翻出的石头送了过去。刘长山很快收集到了许多石头。不过，他发现其中有很多石器做工都比较精细，不太像古代原始人类所能制作的。带着疑惑，刘长山一再要求当地人带他到挖出石器的地方考察一下。

当地人经不住他再三请求，带他来到了仰韶村。就在这里，刘长山发现了早期陶器的碎片。惊喜之下，他在这里实地考察了3天，一共发现了600多件陶片和石器。这些陶器以及制作比较精细的石器意味着这里曾经有古人生活过，仰韶文化就这样悄悄地展露出她深埋已久的身姿。

第二年，这批宝贵的文物被带到了北京。安特生看到这些磨制精细的石斧、石刀以及比较原始的陶片后，非常震惊，这分明

曲腹高足盆

是新石器时代人们所使用的工具啊！短短几天就有这么丰富的收获，那么，仰韶村的地下将会是一个多么大的宝库啊！他立即意识到，这次将会发现一处庞大的新石器时代遗址。于是，他立刻亲自奔赴仰韶村。

安特生在仰韶村做了8天的考察，收获了大量的石器、陶片。安特生还初步调查了遗址状态，并确定仰韶东沟和西沟之间的南北长900米、东西宽300米的冲沟为仰韶遗址的范围。在取得北洋政府和河南省政府的同意后，1921年10月，安特生组织了一支发掘队伍，对仰韶遗址进行了首次发掘。就在这片大约30万平方米的土层下面，考古队发掘出了大批的石器、陶器以及一具人骨架。

仰韶文化遗址的发掘，与远古传说相互印证，证明了中华民族拥有源远流长、绵延不绝的5000年漫长文明史，为悠久的中华文明再添绚丽色彩，彻底否定了当时一些外国人宣扬的所谓的"中国文化西来说"。

中原先民的定居生活

自从1921年以来，考古学家在仰韶遗址进行了3次有计划的发掘，出土了大批石器、骨器、陶器、蚌器等工具，并在此基础上考察了当时居民的住宅、村落，对这片土地上古代先民的早期生活有了一个初步的认识。同时，考古学家们还在黄河流域的许多地区发现了1000多处时期、文化基本相同的村落遗址，这些村落遗址统统被冠上了最初发现地的名称，组成了蔚为壮观的仰韶文化群。

考古学家研究表明，仰韶人过着山洞野人的生活，但是后来人口不断增加，迫使他们必须走出山洞；而熟练的耕种技术，也为他们去肥沃的平原和丘陵地带寻找更适合生存的地方提供了条件。黄河及其支流岸边土地肥沃，容易灌溉，于是仰韶人就来到了这里，种植粟、黍，畜养猪、狗，建造房屋，过起了定居生活。

半坡人的房屋（复原图）

考古工作者在仰韶遗址中发现了大量的木锄、石斧、石刀、石锄、石铲，可见先民们就是用这些原始的工具，通过辛勤的集体劳作，在草莽之间开出了片片良田，播种收获。

尽管当时仰韶人的生产工具已经有了较大的进步，但是要用这种简单的工具来对抗天灾，还是没有什么力度的，即使没有什么灾害，单靠农业还是无法解决生存问题，狩猎、捕鱼等仍是他们的重要生存方式。

在弓箭发明以前，狩猎是一种比较艰难的生存手段，人的体能毕竟比不上野兽，更何况打猎往往会碰到比较凶猛的野兽。为了围猎大型野兽，仰韶人必须集体协作，以群体的力量获取生存的可能。打猎的时候，有可能出现猎物较多的情况，吃不完或年幼的活猎物就被保留下来，时间一久，人们就学会了饲养牲畜。仰韶文化遗址中发现的家畜的骨骼残骸主要是猪和狗的。

仰韶村今貌

种植粟和饲养家畜，不仅使仰韶人定居下来，同时也给他们提供了相当丰富的食物来源。

走出山洞的仰韶人，开始尝试着为自己修建住宅。考古工作者发现这时的村落已开始形成一定的格局，这在大的村落中表现得很明显。仰韶人的大村落一般分为居住、公共墓地和窑场三大区，居住区房屋的建筑技术还不十分发达，但仍是人类从洞穴中走出来的确切证据。

考古工作显示，仰韶人的房屋并没有完全脱离穴居，其房屋普遍包括地面建筑和半穴居两部分。他们一般先在地面挖出一个相当深的洞穴，打实地基后才在上面修造房屋，房屋的墙壁都是泥质的，有的也用木头做骨架。混上草的泥墙被火烤后，变得非常坚固，具有一定的抗水性能。

仰韶文化早期的房屋呈圆形，主要是单间，后期的房屋慢慢演化成方形，一般分成几个房间。木骨泥墙的建筑技术以及方形分间的建筑格局，在我国传统建筑中处处可见其影子。

有了自己的房屋后，仰韶人开始定居在宽阔平坦的原野上，世代繁衍，并创造了光辉灿烂的文明。

兴盛的陶器制作

在仰韶人的诸多成就中，最为辉煌的应该是陶器制作技术。仰韶人的陶器一般是容器、烹饪器、饮食器等生活用具。考古人员在仰韶遗址中发掘出来的陶器有鼎、罐、碗、盆、钵、杯、

仰韶文化——人面鱼纹盆

瓮、缸等。

仰韶人制作陶器的过程大致如下：先是用手将黏土捏成器物的形状，如果制作大型器物，则用泥条盘制成形，或分部分做出，然后粘成整体。接着，仰韶人会用木片等工具把粗糙的器形表面打磨平整，再把陶坯放进窑里烧制后就成了陶器。如果要加上装饰纹，就要在陶坯半干时用含矿物的颜料绘上纹样，这样就可以使陶器表面形成美丽的花纹了。仰韶陶器大多以红色为底，使用赤铁矿粉和氧化锰作颜料，在陶坯表面上彩绘各种图案，经过窑火后，图案就会在红底上浮现出来，大多呈黑、白色。聪明的仰韶先民们还会在原坯表面加上一层白色薄衣，让烧成的陶器更加鲜艳美丽。

烧陶的窑一般包括火膛、火道、火眼及窑室心四部分，可以有效保证烧制陶器所需的温度。仰韶人的陶窑就建在村落附近，考古工作者发现的陶窑大多是成组成片的，充分显示了仰韶文化中陶器制作的规模。

仰韶人制作的陶器中最精美的是彩陶，由于其时间跨度与分布地域的不同，主要分为半坡类型和庙底沟类型。

仰韶彩陶的纹饰种类很多，有宽带纹、网纹、花瓣纹、鱼纹、弦纹和几何图形纹，等等。这些纹饰十分密集，常用线的曲直来表示旋转或其他动静，密集的线带着强烈的动感，线上还不时出现大的圆点，使画面流动感中现出凝练，动中有静，静中有动，极具节奏美。

这些丰富多彩的纹饰是仰韶先民们在长期的劳动实践中，把自己接触的实际事物，用抽象的方式表达了出来。它们充分显示了古代劳动人民的智慧以及他们对美的欣赏和追求。

仰韶文化中的陶器既具实用性又具审美性，是新石器时代人类智慧的高度结晶。

中华文明的曙光

生产能力得到提高、物质生活相对安稳的仰韶先民们曾创造出的光辉灿烂的文化，是中华文明的第一抹曙光。

仰韶人除了在彩陶上显示出他们作画的高超技艺外，还创造了许多瑰丽的图画，展现出他们对美的追求。考古人员在仰韶遗址中挖掘到一幅《鹳鱼石斧图》，该画描绘了老鹳从河中叼出鱼的瞬间，画面主体的参照物则是岸边的木柄石斧，整幅画表现了先民们细致的观察力和表现力，这对中国古代艺术的发展有着极其重要的意义。

不仅如此，仰韶先民们还能

仰韶墓葬

用蚌壳等砌出丰富的图案。考古工作者在一处仰韶遗址中发现了3组蚌砌图案，一为龙、虎组合；一为龙、虎、鹿、蜘蛛的有序组合，鹿与蜘蛛之间还有一枚精致的石斧；一为人骑龙驭虎蚌图。这些蚌图中的龙常被人称为"中华第一龙"，它表达了仰韶人乘龙飞天的梦想，带有很明显的祭祀意味，可以说是中华民族关于"龙"的信仰的源头。

考古队还发掘到了仰韶文化遗址中的墓葬。仰韶文化早期盛行集体合葬和同性合葬，考古队发现了埋有几百人的超大型公共墓地，这些坟墓按照一定顺序整齐排列着，其规模和随葬品都非常相似。这些墓葬之间最大的差别在于女子的随葬品要多于男子，说明那时仍处于母系氏族的繁荣时期。先民们过着只知其母不知其父的生活，女性在社会生活中占据重要地位。但是，这并不代表着谁有压迫别人的权力，氏族就是他们的家庭，大家有着共同的血缘，地位平等，一起劳动，共同分享食物，一致应对极为艰苦的环境。

除了这些，仰韶文化中还出现了文明社会的先兆。如果把城市、青铜器、文字作为进入文明社会的标志，那仰韶文化已经有一只脚迈进文明社会了。考古工作者在郑州北郊23公里处的邙岭余脉上发现了仰韶文化晚期的一处城堡遗址——西山古城址；在姜寨遗址发现了一枚半圆形的铜片，其中含有65%的铜、25%的锌，以及少量其他金属，还有一支成分相同的黄铜管。这些发现都预示着，不久的将来，这片土地上将会出现一个辉煌的青铜文明社会。

仰韶文化，绵延数千年而不曾断绝，直接影响着中华文明的发展，是中华文明的源头之一。仰韶文化遗址为研究我国社会发展史提供了丰富的实物资料。它不仅在中国，即使在世界上也是重要的新石器时期的遗址之一，是中外史学界、考古学界人士梦寐以求的古文化"圣地"。

唯一完整的仰韶文化遗址——半坡遗址

1953年春，西安灞桥火力发电厂要修建一条运煤专用的铁路，工程推进到西安东郊半坡村时，在推土机轰隆而过之后，令人惊奇的场面出现了：无数的石制工具散落在土中，相伴的还有人体骸骨、彩色的陶器等。

半坡遗址

施工单位立刻把情况报告给了文物主管部门，专家们很快赶到工地，开始收集出土的文物。经过仔细鉴定，专家们认定这是新石器时代的一处遗址，类型相当于黄河下游各地发现的仰韶文化遗址，仰韶文化遗址中唯一一个保存完整的遗址——半坡遗址就这样被发现了。

　　一年后，中国科学院考古研究所正式展开了对半坡遗址的考古工作。经过4年的发掘，一个完整的母系氏族部落遗址现出了它的本来面目。大约5万平方米的半坡遗址向我们展示了6000年前，生活在黄土高原上的先民们从生到死的生活轨迹。

　　当时的陕西半坡属亚热带气候，温暖湿润，而且依山傍水，又接近平原，是个非常适合人类居住的地方。先民们在此繁衍生息，形成了一个拥有400—600人的大部落，建起了一个包括居住区、制陶区、墓地在内的布局严密的聚居地。

　　居住区正中间有座大约160平方米的大房子，这是部落集会、议事的地方，房前还有个中心广场。房子及广场是部落的核心，四周遍布的小房子的房门都朝向这边，小房子里面住着年轻的妇女以及走婚的其他氏族男子。当时很有可能存在比较稳定的对偶婚，但还没有出现婚姻制度，人们过着只知其母不知其父的生活。

　　环绕着居住区的是一条大围沟，专家推测这是为防御敌人、野兽、洪水而挖的，是后世护城河的前身。但是，在当时工具极其落后的情况下，半坡人是如何挖出这么一条大围沟的，至今还是一个不解之谜。

　　围沟北面是氏族公共墓地区，多是单人葬，也有双人或四

半坡棋盘纹壶

人合葬的，死者头部一般向西，其葬式有仰身葬、俯身葬、直肢葬、屈肢葬、瓮棺葬等多种方式。最引人注目的是儿童大多不葬在公共墓地内，而是以瓮棺装殓葬在其父母房屋的附近，充分表达了父母对死去子女的眷恋。

围沟东面是陶窑区，考古工作者在这里发现了6座烧陶窑址。同所有的仰韶文化遗址一样，半坡遗址出土的陶器以彩陶为主。出土的陶器有盆、坩、瓶、罐、甑等，最著名的是人面鱼纹盆。

半坡彩陶的纹饰主要是鱼纹，也有独具特色的人面纹，还有几何纹、宽带纹等，大多造型可爱，独具特色。其中最有代表性的是人面鱼纹，线条明快的画面中，头顶三角形发髻的人面两嘴角各衔一条小鱼，表现出人类童年的天真稚气和与自然的亲切关系，可以说是半坡人原始生活的记录，生动显示了半坡人丰富的艺术想象力，是半坡人最闪光的创造，具有很高的艺术成就。

在半坡遗址出土的还有近万件石质、陶质、骨质工具，分别为农具、猎具、渔具、炊具、食具、纺织具等，半坡人就是用这些工具打猎、捕鱼、种植粟、制作熟食、纺织衣物。他们已经知道用石磨盘、石磨棒等对粟进行加工处理，这也是生产发展中不小的进步。

半坡遗址，这片黄河流域规模最大、保存最完整的母系氏族村落遗址的发掘，在我国新石器时代考古中确立了一个新的文化类型——仰韶文化半坡类型，它为我们研究仰韶文化提供了相对完整的资料，是考察史前文化的重要宝库。

第五章

秦始皇陵兵马俑

秦始皇陵兵马俑

位　置	中国陕西省西安市临潼
年　代	公元前246年至公元前208年
点　评	中国最大的古代军事博物馆

打井挖出"秦人"

1974年春，严重的旱情威胁着八百里秦川。返青的麦苗在干渴的折磨下趴伏在大地上，这片黄土地迫切需要水的滋润。村民们虔诚的祈祷并没有感动上苍，干旱越来越严重，坐落在骊山脚下的西杨村也不例外。

夕阳的余晖笼罩着村南的柿树园，折射出令人心焦的光。奔走了一下午的西杨村生产队长站在柿园一角的西崖畔上，望着这片只长树木、不长庄稼的荒滩，犹豫不决。夕阳西下，小鸟正跳动着在树林中寻找栖身之处，小鸟的努力提醒他，人也必须为自己的生活寻找出路。生产队长终于下定决心，用笨重的镢头在脚下画了一个圈，确定了打井的位置。

1974年3月29日清晨，西杨村的6个青壮年挥动大镢开始挖井。这天下午2点左右，秦始皇陵兵马俑的第一块陶片被西杨村的打井青年挖了出来。令人遗憾的是，陶片并没有引起这些因干旱而急红了眼的农民们的重视，他们对水的渴望超过了一切。青壮年的镢头接二连三地向这支地下

秦始皇陵兵马俑坑

军队劈去。一块块头颅骨骼、一截截残肢、一根根断腿相继露出，大家终于注意到了。

一件陶俑的身子刚刚被抛入荒滩，井下忽然又发出一声惶恐的惊呼："瓦神爷！"众人又一次随声围过来，又几乎同时瞪大了眼睛，脸上的表情有了明显的变化，肌肉在紧张中急剧收缩。

西杨村发现"瓦神爷"的消息很快就被县文化馆的人知道了。文化馆的人组织社员在井的周围挖了一个大坑，结果发现了更多的陶俑。当时回家探亲的新华社记者蔺安稳恰巧得知了此事，就写了一篇专门的报道，交给了《人民日报》编辑部。该文章发表以后引起了周总理的高度重视，他做出批示，要求组建考古队进行发掘。

1975年7月，经过一年的发掘，秦始皇陵兵马俑一号坑终于再现了两千年前的壮观场面。这个陪葬坑呈长方形，东西长230米，南北宽62米，面积达1.4万余平方米，四面各有5个斜坡门道，东面为正门；坑的四周环绕着长廊，四面长廊间有9条长达184米的东西过洞，过洞之间用夯土墙隔开，过洞之中整齐排列

秦始皇陵兵马俑近照

着6000多个与真人大小相近的陶质兵马俑。不久，考古队又在一号坑东北侧约20多米处，发现了一个兵马俑坑，他们将此坑编为"二号坑"。这是一个平面略如曲尺，面积约6000余平方米的俑坑，内有战车89乘、驾车陶马356匹、骑兵鞍马116匹、各类武士俑约1000余尊。整个俑坑分为4个军阵：持弓弩兵俑方阵、战车方阵、车兵和步兵长方阵和骑兵方阵。

1976年5月，在一号坑的西北侧又发现了一个兵马俑坑，他们将此坑编为"三号坑"。此坑面积仅500余平方米，但形制和内容奇特，平面呈"凹"字形，东边为一条斜坡门道，与门道相对的是一间车马房，两侧各有一间东西向厢房。车马房内有木质战车1乘，车前驾有陶马4匹，车后有武士俑1个；南厢房内有铠甲俑42个，北厢房内有铠甲俑22个。这看来像是一个指挥部。后来还勘探出一个"四号坑"，但由于这个坑尚未完全建成便被废弃，因此一般都不论及。

至此，秦兵马俑的神秘面纱终于被揭开。阵容庞大、气势宏伟的秦兵马俑军阵，充分显示了当年秦军横扫天下的赫赫军威。"秦人"军阵在地下沉寂两千年之后，终于在关中农民的铁锨下重现昔日光辉。

气势恢弘的秦代文化

1978年，时任法国总理的希拉克参观完兵马俑后感叹道："不看金字塔，不算真正到过埃及；不看秦俑坑，不算真正到过中国。世界上原有七大奇迹，秦俑的发现，可以说是第八大奇迹了。"1986年10月17日，英国女王伊丽莎白二世参观兵马俑时说："真是气壮山河。秦始皇这个人气魄不小。"卢森堡大公来参观秦兵马俑时，一走进展览大厅，便赞叹道："这些艺术珍品达到了非凡的水平，表现了中国人民非凡的天才，世界人民将在这里受到鼓舞。"可见，秦始皇陵兵马俑成为世界第八奇迹乃实至名归。

秦始皇陵兵马俑体形高大，比例匀称，形象生动，神态逼真，是我国的古代艺术宝库，是秦代写实艺术的完美体现，为研究秦代的军事、政治、经济、文化、科学和艺术提供了珍贵的实物资料。秦始皇陵兵马俑之所以能成为"世界第八大奇迹"，不仅仅在于其庞大的阵容、恢弘的气势，其烧制工艺、雕塑水平都达到了前所未有的高度。高大的兵马俑重300千克至500千克，烧制温度在900℃至1200℃左右，历经两千多年岁月，这些陶俑、陶马无一件出现裂纹或变形。当今的工艺师们曾想复制一匹陶马，却一直没有成功。

以往人们谈及世界古代雕塑艺术史，希腊、罗马便是坐标、里程碑，古代东方的雕塑艺术似乎没有什么值得称道的。然而秦兵马俑的出现，改变了人们对东方雕塑艺术的看法。秦俑体现了中国写实艺术的风格与特色，成为世界雕塑艺术史上一颗璀璨的明珠。

兵马俑是秦代陶塑艺术发展到顶峰的体现。除了栩栩如生的陶俑、陶车马之外，秦砖、秦代大瓦当也是秦代陶塑艺术的代表。这些陶砖、陶瓦用精美的花纹装饰，具有很高的历史、文化和艺术价值。正是因为有了它们，才有了阿房宫，才有了秦朝的广厦千万间。

兵马俑不仅是一个艺术的宝库，还是一个庞大的秦代兵器库，有的兵器至今还寒光闪闪，是世界冶金史上的一大奇迹。秦俑坑出土的数万件青铜兵器均为实战兵器，分为长、短和远射三大类。长兵器有矛、戟、戈、殳、钺、铍，短兵器有剑、弯刀，远射兵器有弓、弩。尤其是铍和弯刀的出土，为古兵器考古史上所罕见。铍在古书中记载颇多，但无完整实物出土，其首和短剑相同，长约30厘米，后装有长约3米的木柄，是一种锐利的刺杀兵器。弯刀为考古上的首次发现，其形如弯月，齐头无锋，两边有刃，是一种推、钩两用的兵器。

世界冶金史上的奇迹

秦俑坑出土的铜兵器均系铸造成型，成分以铜、锡为主。青铜剑的制作工艺尤其令人叹为观止。剑长约90厘米，近锋处束腰，棱有规则，刃锋锐利，光亮如新。经测试含有多种稀有金属，表面包有10微米左右的铬盐氧化层，系经特殊处理形成，具有很强的防腐抗锈能力，硬度相当于中碳钢。根据用途不同，其合金配比不同，硬度也有所不同。这些兵器大部分表面都经过了铬盐氧化处理，增强了武器的防腐抗锈能力。德国直到1937年才发明这种工艺，美国更是到1950年才掌握了这种工艺，而我国人民最晚在2000年前的秦朝已经掌握了这种工艺。这是世界冶金史上的奇迹，反映了我国古代人民的聪明才智。

陪葬兵马俑与秦始皇陵

关于兵马俑坑的存在，史书中没有任何记载，也没有透露过任何线索。那么，这些陶兵马俑的身份是如何确定的呢？俑坑中出土了大量的青铜兵器，人们在其中一支矛上发现了"寺工"字样。据史书记载，"寺工"是秦代主管兵器生产的机构。在另一支戈上刻有"五年相邦吕不韦造"的文字，吕不韦是秦始皇的丞相。据此可断定，这些兵马俑就是秦始皇的陪葬品。

秦始皇陵始建于公元前246年，历时39年，是目前已知的中国封建社会时期规模最大的一座帝陵。秦始皇陵是一座结构宏大、富丽堂皇的地下宝库。考古工作者经过几十年的钻探和试探，在56.25平方千米的保护区范围内已发现陪葬墓和陪葬坑500余座，出土重要文物5万余件。

毫无疑问，秦陵地宫是放置棺椁和随葬器物的地方，是皇陵建筑的核心。有关秦陵地宫位置问题，历来众说纷纭。史料《汉旧仪》中有一段关于秦始皇陵地宫深度的介绍：公元前210年，丞相李斯向秦始皇报告，称其带了72万人修筑骊山陵墓，已经挖得很深了，好像到了地底一样。秦始皇听后，下令"再旁行三百丈乃至"。"旁行三百丈"一说让秦陵地宫位置更加扑朔迷离。民间传说称，秦陵地宫在骊山里，骊山和秦陵之间有一条地下通道，每到阴天下雨的时候，地下通道里就过"阴兵"，人欢马叫，非常热闹。考古学家根据这个传说曾作过多次考察，但始终没有找到传说中的地下通道。

近年来，对秦陵的勘探成为我国考古的重中之重。考古专家用遥感和物探的方法分别进行了探测，探测结果表明，规模宏大的地宫位于封土堆顶台及其周围以下，距离地平面35米深，东西长170米，南北宽145米，主体和墓室均呈矩形。墓室位于地宫中央，高15米，相当于一个标准足球场大小。探测还表明，墓室内没有进水，而且整个墓室也没有坍塌。历史上关中地区曾遭受过8级以上的大地震，而秦始皇陵墓室却完好无损，考古学家推测这与宫墙的坚固程度密切相关。除了宫墙之外，研究人员还发现在秦陵周围地下存在规模巨大的阻排水渠。

作为秦始皇陪葬品的兵马俑被誉为"世界第八大奇迹"，那么秦始皇陵地宫内又会有多少奇迹呢？在打开秦始皇陵地宫之前无人知晓。

秦始皇陵地宫中的水银

据《史记·秦始皇本纪》记载，秦始皇陵地宫内"以水银为百川江河大海"。探测结果证明，地宫内确实存在着明显的汞异常，而且汞分布为东南、西南强，东北、西北弱。如果水银代表江海的话，这正好与我国渤海、黄海的分布位置相符。

第六章

马王堆汉墓
与满城汉墓

马王堆汉墓与满城汉墓

位　置	中国湖南省长沙、河北省满城
年　代	约2000多年前的汉代
点　评	汉代文明在南北方的代表

锄头掘开的马王堆汉墓

　　马王堆汉墓的发掘，被称为新中国成立以来最重大的考古发现之一，也是20世纪震惊世界的重大考古发现之一。在这里，不仅出土了一具2000年前的女尸，更为重要的是还出土了3000多件珍贵文物。"北有兵马俑，南有马王堆"的说法形象地说明了马王堆的重要性。马王堆文化成为西汉文明的缩影。令人无法想象的是，这个震惊世界的考古发现竟是靠60把锄头一下一下挖掘出来的。

　　在1972年以前，地处湖南省长沙市东郊五里牌外的马王堆，不过是一个普普通通的、方圆约半里的土丘，杂草丛生的田地没有丝毫特别之处。1971年年底，某部队在马王堆附近挖防空洞，施工的过程中总是遇到奇怪的塌方。当洞穴挖到十几米深时，一块块的白膏泥被挖了出来，一股呛人的气体从一个小洞里冒了出来。当一个人划着火柴想点烟时，一声闷响过后，忽然出现了一道神秘的蓝色火焰。一位老军人推断，这里可能是古墓，于是立即上报文物主管部门。

覆盖在马王堆一号汉墓棺上的帛画

文物主管部门的人赶到现场时，还能看到火焰，但已经很微弱了。他们想收集一些气体，但为时已晚，这成为马王堆考古中一个永远的遗憾。

湖南省博物馆立即向省革委会申请调拨经费，对马王堆进行考古发掘。当时革委会的一个领导不满地说："挖一个死人墓，花那么多钱干啥？国家的钱怎能乱花？你们馆才40人，买60把锄头干嘛！"

考古工作者就是靠这几十把锄头，完成了6000立方米土方的挖掘。当一个外部长6.67米、宽4.88米的棺椁显露出来后，在场的人都兴奋不已，并向北京汇报，请求中央派专家来长沙指导发掘工作。湿润多雨的气候令挖掘工作进行得十分艰难。1000多名师生义务参加了清理工作。就这样持续奋战了4个多月后，墓室清理工作终于完成，一个巨大的棺椁呈现在考古工作者面前。椁板除表面被砍削得光滑平整外，块与块之间扣接得严密牢固，整个木椁没用一枚钉子就组合得相当完美，其中最大的一块椁室侧板长4.88米，宽1.5米，厚0.26米，重达1500公斤，据此推算，原木的直径在2米以上。另外，在巨大的棺木旁，人们还发现了无数珍宝。

马王堆一号墓的棺椁

马王堆已发现的三座汉墓分别被编为一、二、三号墓，其中一号墓保存最为完好，具有极高的考古价值。一号墓出土的宽大木制椁室呈"井"字形结构，中央有密封套棺四层。内棺装饰起绒锦和羽毛贴花绢；第二层套棺漆绘花纹图案，显得极为富丽堂皇；第三层套棺上画有流动漫卷的云气纹饰和一百多个体态生动的神怪禽兽，线条潇洒奔放，具有很高的艺术水平；外棺为黑漆素棺，体积最大，未加任何装饰。

保存完好的千年女尸

挖掘工作一开始，考古学家对墓主人就有很多种不同的猜测，而开棺的过程再次出乎人们的意料，庞大的棺椁竟然套装有4层，最里面的才是安放墓主人遗体的内棺，棺盖上覆盖着一块"T"型的神秘帛画，这幅长达2米并且完好无损的巨幅帛画是中国考古史上的首次发现。

考古学家小心翼翼地打开内棺，剥去包裹在墓主身上的多层衣物，墓主人终于露出了她的真面目。她仿佛刚刚去世，淡黄色的皮肤还很细腻，皮下脂肪丰满，软组织尚有弹性，部分关节还能活动，紧闭的双眼还留有长长的睫毛。在往其体内注射防腐剂时，血管还能鼓起来，手指和足指上的纹路都非常清楚，真是不可思议。后来的尸体解剖表明，她的内脏都基本保存完好，几乎与新鲜尸体一样，是目前世界上保存最好的湿尸。

马王堆千年女尸

2000年前的一具女尸怎能保存得如此完好呢？到现在为止，专家、学者们还没有找到令人信服的答案，但有几点可能是造成这种结果的原因：

其一是近似真空的墓室环境。墓室筑在十多米深的地下，上面覆盖着厚厚的土堆。尸体被数层棺木装殓，棺椁四周用黏性和致密性很强的白膏泥和吸湿性很强的木炭填实，营造出了一种近似真空的环境。

其二，在马王堆女尸出土的时候，棺椁里注满了一种红色的棺液。科学家们猜测，这种液体对女尸2000多年来不腐有神奇作用。经过化验证实，棺液成分复杂，之所以是红色，是因为掺加了朱砂。朱砂的化学成分对人体是有害的，其中含有砷和汞。棺液中还检测出了许多中药的成分，这些东西泡在一起就成了深红色。可以肯定，这种红色液体具有杀菌作用，可以保证尸体不腐。

马王堆汉墓与汉代文明

为什么马王堆这具女尸历经2000年仍然能够完好地保存下

马王堆出土的印章

来？她究竟是谁？她的地位有什么特殊之处？虽然人们对女尸的成功保存做出了种种推测，但这仅仅是猜测。这些问题困扰着参加马王堆考古发掘的每一位专家、学者。

考古人员不断地发掘考证发现，马王堆其实有三座坟墓，它们共同组成了一个整体。按东、西、南方位，马王堆三座墓葬分别编为一号墓、二号墓和三号墓。1973年11月，考古学家开始对马王堆另外两座坟墓进行发掘。所有的考古学家都期待着在二号、三号古墓中能够有同样惊人的发现，能为尸体的千年不腐找到答案。

但是，马王堆另外两座汉墓被打开之后，考古人员发现，二号墓早在1000多年前的唐代就被盗掘，而三号墓因白膏泥密封不严，其墓主仅存尸骨。不过，在二号墓出土的三枚印章却为破解主人身份提供了一些线索。这三枚印章分别是"长沙丞相""轪侯之印"和"利苍"，这证明墓葬可能是汉初长沙国的丞相轪侯利苍（卒于公元前186年）及其家人的墓地，从而纠正了清代《湖南通志》《长沙县志》等地方文献中的讹误。而一号墓及掩盖在其封土下的三号墓，据考证分别为轪侯利苍的妻子和儿子的墓葬。

在丰富的随葬物品中，帛画和帛书尤其具有重大的历史文化价值。棺盖上覆盖着的"T"形帛画，形象生动地描绘了天上、人间和地下的景象。帛画将神话与现实和谐地交织在一起，构思和布局精妙有致，堪称古代绘画艺术中的杰作。三号墓棺室的东西两壁各挂有一幅长方形帛画。西壁上的"出征图"绘有100余人、数百匹马和数十乘车，从内容和布局来分析，表现的是墓主登坛检阅出征部队的场景。东壁上的帛画残破

軟侯子墓帛画

不堪，但仍能见到房屋、车骑、奔马和妇女划船的一些片断，可能是墓主生前奢侈生活的写照。这些精美的帛画反映了贵族的生活，代表了汉初杰出的艺术成就。

马王堆《星占》帛书

三号墓中出土了12万多字的帛书，这是我国考古史上极为罕见的重要发现，为研究我国古代哲学、历史、医学、科技等提供了极其丰富而新颖的文字资料。三号墓出土的帛书中还有三幅珍贵的地图，它们是中国地图发展史上的杰作。第一幅是汉初"长沙国南部地形图"，第二幅为汉初"长沙国南部驻军图"，标有部队名称及驻地、工事、障碍、烽火台等军事情况，主区相当于现在湘西南的沱水上游。第三幅是一个县城的平面图，绘有城垣和房屋等，可称为"城邑图"。这些地图是世界上最早的彩色实用地图，证明早在2000多年前中国的地理科学就已经达到惊人的水平。

一、三号墓还出土了各式乐器、漆器、竹器和名目繁多的丝织品，有力地证明了西汉文明在音乐和工艺方面取得的成就和突破。除分别标有律名的12根律管为国内首次发现外，墓中还出土了装有竹制簧片和控制音高的银白色点簧的竽管，这是全世界管乐器中最早使用簧片的实物例证，也是中国发现最早的低音簧管乐器。其次，制作精美的漆器饰有漆绘、粉彩和锥画等多种纹饰，线条流畅，色彩绚丽，反映了汉初漆器业的发达程度。此外，在出土的全套服饰和整幅丝织物中，重仅49克的素纱禅衣可谓薄如蝉翼、轻若烟雾，是当时世界上最轻的衣物；而起绒锦是中国目前发现最早的起绒织物，说明汉代已经掌握了复杂的提花技术，把中国起绒技术的创始时间至少提前了700年。

毫无疑问，马王堆汉墓是辉煌灿烂的汉文化在南方的典型代表，我们甚至可以把它看作是神秘、浪漫的楚文化的延续和发展。这时，北方地区，尤其是中原一带，又是怎样一幅景象呢？接下来，让我们看看河北满城汉墓的发现。

帛书《五十二病方》

经考证，从马王堆三号墓出土的帛书《五十二病方》可能比《黄帝内经》（成书于春秋战国时代）还要早，书中记载了52种疾病，还提到了100多种疾病的名称，共载药方280多个，所用药物计240多个。这是我国现在所能看到的最早的方剂。《五十二病方》的发现，说明了有理论指导、有实践意义的方剂学体系在先秦已初步形成。

破解河北满城陵山之谜

如果说马王堆汉墓是西汉文明在南方的典型代表，那么河北满城发现的汉墓则是西汉文明在中原一带的典型代表。

在河北保定满城西南约1.5千米处，有一座200来米高的孤山，名叫陵山。陵山脚下有个村落叫守陵村，村里人世代传说，他们的祖辈是在这里守陵的，但究竟是为谁守陵，陵在哪里，却没有人能说清楚。

错金银博山炉

长信宫灯

1968年5月，解放军北京军区工程兵某部悄悄地开进了河北省满城县，他们将在县城西南的陵山上执行一项秘密的国防施工任务。5月23日下午3时，当机电12班的战士们在一个距离山顶30米处朝东地带打眼放炮时，一个奇怪的现象发生了：这次放炮并没有像往常那样炸开许多碎石，而且炮声非常沉闷，好像还有回声。战士们决定上前看个究竟。不料，走在最前面的一名战士，突然感到双脚失去了支撑，身体随即沉下去。等他明白过来，已经掉进了一个漆黑的山洞里。山洞里伸手不见五指，彻骨的寒气袭遍周身，一股古怪而强烈的气味扑鼻而来，让人毛骨悚然。好在这名战士没有惊慌失措，稍稍稳了稳神后，朝有微弱光亮的地方爬去。这名战士随后被班长和几名战士拉了出去。

当他们再次打着手电走进洞里时，他们发现地上散落着许多凌乱而腐朽的木料，以及许多造型奇特的铁器、陶器和青铜器等。好奇心促使他们顺着洞穴继续走进去，没想到越往里空间越大，而且地上散放着各种各样的古老生活用具。这时，一个老兵说："我们可能挖到古墓了！"经验丰富的班长应道："对，这肯定是一座古墓，我们必须立即向上级报告。我们必须保护好现场，不能向任何人泄露。"

他们选取几件自认为有代表性的器物后爬出山洞，然后重新封好洞口，并留下两名战士作为隐蔽哨，对洞口实行严密的监控和保护。班长带领战士返回连队，并立即向上级做了汇报。

一天后，一份标有"绝密"字样的情况报告和战士们带回的几件文物，摆放在了河北省主要领导的办公桌上。在战士们带回的四件文物中，除了三件镏金的器物底座外，还有一件刻有"中山内府"字样的青铜器。"中山"指的是中山国，中国历史上曾出现过两个中山国，一个是春秋战国时期的鲜虞中山国，另一个是西汉时期的中山国，而这两个中山国的属地都在今河北保定界内。无论是哪个中山国，都说明这座古墓至少已有2000多年的历史。这无疑是一次重大的考古发现。

虽然当时正值"文化大革命"时期，但河北省有关部门立即秘密派出考古专家前往现场勘察，并向中央有关部门拍发加急电报进行汇报。党中央做出特别批示，周总理指派时任中科院院长的郭沫若负责处理此事。

6月末，中科院考古所的专家到达陵山，与早已等待在那里的河北省考古专家和部队一起开始了发掘工作。他们沿着墓道小心前行，墓穴越来越深，空间越来越大。突然，前方不远处有闪动的亮光。当他们靠近亮光后，眼前的一切使在场的每个人惊呆了：原来这是一些摆放整齐的金银器、鎏金器皿、铜器、陶器等，其工艺之精湛、数量之多，令人惊叹！

龙凤纹重环玉佩

大家穿过中间大厅，在最后的石壁上找到了一个被牢牢封死的门。这个门伪装得和黛青色的石壁一模一样，石门从里向外用巨石顶着，里外都用黏土封死，中间用铁水浇注。考古队员和战士们奋战了五六天之后，终于打开了石门，呈现在面前的一切又使在场的人惊呆了：一棺一椁和载柩车早已腐朽，金缕玉衣、错金博山炉、成堆的金光闪闪的金饼、难以数计的金器、银器、铜器、陶器……令人眼花缭乱，难以置信。

西汉中山国国王刘胜金缕玉衣

从出土文物判断，该墓可能是西汉中山国国王刘胜之墓。郭沫若也赶到陵山墓室，在墓内看了一圈后，郭老又来到墓外环视四周，在长时间的观察之后，他断定：刘胜墓以北120米处，尚有其妻墓室。其南120米处，亦应有其另一妻墓室。周围山顶的十几个山包，则是刘氏子孙和臣相的墓穴。

根据郭老的指示，考古人员对刘胜墓以北120米处进行了挖掘，果然找到了另一座墓穴。该墓穴中出土了一方钢印，两面印文分别为"窦绾""窦君须"，考古学家断定这是刘胜妻子窦绾之墓。经发掘，扬名世界的国宝级文物：金缕玉衣、长信宫灯、朱雀铜灯、朱雀衔环铜杯等都依次摆放在墓室内。

金缕玉衣

满城汉墓出土的刘胜金缕玉衣长1.88米，用2498枚玉片和约1100克金丝制作而成。所有玉片的四角都有穿孔，全部用金丝编缀。玉衣分头套、上衣、裤筒、手套和鞋几部分。死者头下还枕有鎏金镶玉铜枕，枕内填满花椒。头部有玉眼盖、鼻塞和口含，盆骨附近有玉盒和玉塞。窦绾金缕玉衣全长1.72米，用2160枚玉片和约700克金丝制作而成。窦绾玉衣的头、手、臂、腿、足部玉片皆四角穿孔，用金丝编缀。上衣玉片四角未穿孔，是先将玉片粘贴于麻布上，再用丝带在每片玉片的正面交叉粘贴，并在玉片四周贴以丝带，除此之外，两件玉衣结构完全相同。另外，玉衣所用的每块玉片大小和形状都经过严密设计和精细加工，可见当时高超的手工艺水平。

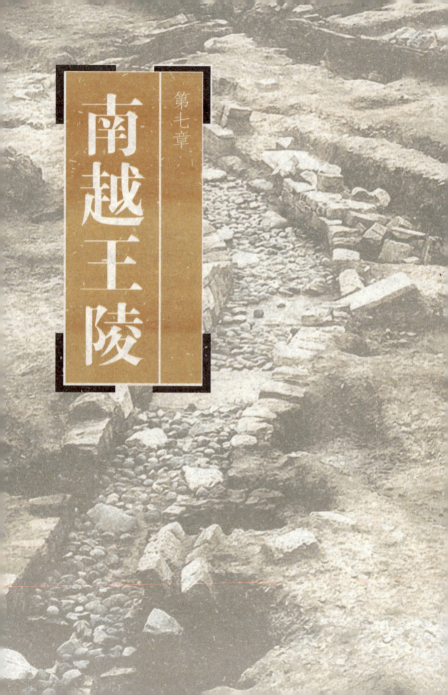

第七章

南越王陵

南越王陵

位　置	中国广东省
年　代	2000多年前的秦汉时期
点　评	近代中国五大考古新发现之一

建筑工地惊现古墓

　　1983年的象岗山是一个喧闹的建筑工地，当时广东省府办公厅正在那修建几栋宿舍。经过一年多的推土，原49.7米高的象岗山，只剩下32米。

　　6月9日，施工人员开始在工地上挖地基，当挖到一米多深的地方时，突然发出"砰"的一声巨响，一位民工的锄头碰到了硬物。在场者定睛一看，无不吓了一跳，锄下竟是一块平整的大石！大家于是又用锄头勘察四周，发现全都有巨大的石板，而且石与石之间还隐约露出一些裂缝。透过缝隙看去，下面黑乎乎的一片，好像是一个地下室。一时间，各种猜测四起，有人说那是70年代林彪部队修的防空洞，也有人说是日军侵华时秘密修建的军火库……

　　看到眼前这一切后，有人以最快的速度向广州市文管会考古队报告了情况。考古专家马上奔赴这里。古墓发掘工作正式开始。开启墓室石门是考古人员遇到的第一个困难，为了防止盗墓，10米长的墓道内设置了两道石门，石门后面还设有自动顶门装置，而且前室与主室之间也有石门相隔，这道石门也装有"机关"。

在一般人看来，用现代机器打开一扇古老的石门，应该不算一件难事，但对于考古队员来说，这可是一个大难题。因为他们需要完好无损地开启石门，以保证门后珍贵文物的安全。

为了打开墓门，考古队员尝试了很多方法，都没有成功。一开始，考古人员在门下挖一个小洞，试图用千斤顶将门移位，但门纹丝不动；后来又试过在锈结的门臼中喷一些去铜锈的化学药水，但也未能奏效……

角形玉杯

实在没有办法了，考古队将希望寄托在石匠身上，一位经验丰富的石匠被请到了现场。检查完石门后，石匠神秘地说："我有办法了，这石门可以打开！"原来他发现西边石门轴头有道裂缝，只要把门枕石下面掏空，西扇石门就会自动下沉，这样就可以移开门了。经过几个小时的努力，沉重的石门果然慢慢沉下去了。考古队就这样完整地打开了第二道石门。

在凿破最后一道石门后，考古队员最终成功进入墓室。墓穴共分7室，内高2米，用巨石砌墙封顶，地下铺的是木板。

这座古墓的西耳室虽然只是一个不足10平方米的弹丸之地，却珍藏着各种器物和珍宝。在未经发掘整理之前，这里金银饰物、青铜礼器等层层堆叠，表面还有一层丝织物和漆器的残痕，考古人员根本无立足之地。怎样清理才能既不影响整个耳室的摆设，又不会弄乱墓内互有联系的器物呢？

经过仔细研究，一名考古专家想出了悬空发掘的方案。他指挥队员在墓室过道外叠起一个沙包堆，上面放上一把大竹梯，竹梯一头伸进西耳室，另一头留在外面由几个人压住，一位队员沿梯爬入室内，在四角先清理出一小块空地，垫上几块砖，上面纵横架上枋和木板。这样，塞满器物的耳室悬空出现了一个木架。考古队员就能趴在架上，俯身清理器物了。

可工作时间一长，考古队员们的手臂和双膝都被粗糙的木板磨红了。时值酷夏，室外温度高达三十六七度，在密不透风的地下墓室里，由于摄影的需要，在强烈碘钨灯的照射下，温度更是高达四十摄氏度！虽然后勤人员送来了电风扇，可风扇送来的风也是热的，还夹杂着一股难以名状的霉味。考古队员趴在架上，双眼盯着出土的器物，手握平头铲和小竹签认真地清理，观察遗痕。由于头部向下，没有多久，就大脑充血、汗流浃背了，但考古队员们依然兴奋地工作着。

南越王墓中出土的蓝色透明平板玻璃镶嵌在长方形铜框牌饰中，成分以氧化铅和氧化钡为主，铅、钡含量分别高达33%和12%，属于铅钡玻璃系统。这是迄今我国考古发现的最早的平板玻璃，对研究中国古代玻璃制造业的发展有重要意义。平板玻璃作为一种装饰品使用，其珍贵程度可想而知。而同一时期，西罗马帝国已掌握了用吹制法制造各种实用玻璃器皿的技艺。

人间极品丝缕玉衣

当考古队员小心地将主室顶掉落的泥土清理掉之后，棺椁残痕露了出来，而随即出现的一幕让所有在场的人都惊呆了：墓主人身穿玉衣，腰间佩带10把镶嵌金玉的铁宝剑，其中最长的一把长1.46米，为目前汉墓中出土的最长的一把铁剑。墓主头部有精巧的金钩玉饰，下枕丝囊珍珠枕。在墓主周围还发现了许多精美的汉玉珍品。在所有的这些珍宝中，"丝缕玉衣"最为名贵、别致。该玉衣与中原地区发

南越王墓出土的丝缕玉衣

现的汉代玉衣有所不同，是用丝带编成的，因此被称为"丝缕玉衣"。

龙凤纹重环玉佩

我们现在可以看到复原后的丝缕玉衣精巧、别致而完整。不过，刚出土时的玉衣与现在我们看到的完全不同。那时玉衣上的丝带早已腐烂，玉片全都散开了，而玉衣内外还有许多玉佩和大玉璧，相互叠压着，稍动一片，就可能会搞乱整套玉衣，影响其复原。考古队员面对一地的玉片喜忧参半，不知该如何处理才好，更不要说复原了。

一位经验丰富的考古专家提出了"整取玉衣"的方案。怎么个整取法呢？先在玉衣上贴附绵纸，分段打石膏薄层加以固定。用削制的薄竹签，从玉衣两侧下面，紧贴墓室地面逐根往里插；而后在竹签下再插入薄木板和铝合金薄板，这样，玉衣就被整体置于铝板上了。接着，考古人员在外围套上一个大木箱，当中盖上几层柔软的棉纱纸，再敷上一层石膏，于是已经散乱的玉衣就固定在木箱之中。最后，队员们抬起这个"木椁"，离开了墓室。

这座古墓不仅出土了丝缕玉衣、铁剑和精美的玉器，还出土了大量的铜制、陶制生活器皿。另外，在该古墓中还发现了15个陪葬的人，除了墓主的4位夫人外还包括宫门卫侍、宦官、乐使、庖厨等隶役。殉葬是我国奴隶社会的特点，到汉代已基本消失。而南越墓殉葬的发现，从一个侧面说明了当时南越与中原文化的差距。

南越王墓出土的屏风器形硕大，结构奇巧，是我国考古发现的最早、最大的实用漆木屏风。中间的屏门可以向外开启，两侧可以展开呈90度。屏风上部装饰有青铜鎏金朱雀和双面兽顶饰，上插羽毛；下部有鎏金人操蛇托座，独具岭南特色。屏风上绘有红、黑两色的卷云纹图案，绚丽多彩。在当时制作如此精美的屏风非常不易，由此可见南越王生前生活之奢华。

金印揭开千年谜团

南越国是2000多年前广东、广西一带建立的一个地方小国，只传了五世。要想弄明白南越国的来龙去脉，还得从秦代说起。为了消除南蛮，在统一六国后，秦始皇派出两支军队南征，分别由任嚣和屠班所率领，后在番禺、桂林、象郡等地设立郡城。屠班战死后，任嚣继任南海郡尉。后来任嚣身患重病，临终嘱咐部下赵佗（秦国将领，祖籍河北保定）代理南海郡尉职务。时值秦始皇去世，天下大乱。赵佗以武力统一了岭南地区，公元前204年建立南越国，定都广州，自称南越武王。直到公元前111年，南越国才为汉武帝所灭。南越国五位国君之中，第四和第五代君

银盒——具有典型的古西亚波斯风格，应为舶来品。

主赵兴、赵建德均死于战乱，只有前三代国王为自己建造了陵墓。但南越王墓向来隐秘。三国时，吴国君主孙权"闻佗墓多以异宝为殉"，曾派遣数千人寻访越王墓，将大小岗岭都翻遍了，却无功而返（也有说孙权觅得第三代越王婴齐墓）。2000多年过去了，南越王的陵墓仍是未解之谜。

当人们正在推测这位身穿玉衣的墓主究竟是谁时，考古队在墓主身上发现了一枚玉印，上面工整地篆刻着"赵眜"两个字。紧接着，考古队又发现一枚用青白玉雕成的"帝印"，这是我国考古发掘中首次发现帝印。考古队员们推断，这可能是一座南越王墓。

当考古人员正在讨论墓主究竟是哪位南越王时，一件金光闪闪的物品在墓主的胸腹间被发现了。考古队员细心地把旁边的朱红残漆剔开，并轻轻拂去附着泥尘，只见一条栩栩如生的金色小龙立在一个四方台上。该金印全部由黄金铸成，重148.5克，含

越式铜鼎

金量达98%。该印以弯曲成"S"形的龙为钮，印面方形，有田字界格，小篆阴文"文帝行玺"四字。由此可以断定，这就是南越国第二代王赵眜（文帝）的陵墓。

南越古墓的墓主身上有印章9枚，其中"文帝行玺"龙钮金印、"帝印"和"赵眜"玉印，为确定墓主身份提供了证据。南越王随葬品共1000多件（组），包括青铜器、陶器、铁器、玉石器、金银器、象牙器、漆器、丝织衣物，以及牲肉、水产品和水果等，其中以青铜器和玉器最为精彩。

最早的彩色套印织物的工具

南越王墓中共发现了两件印花铜板模，一大一小，是世界最早的彩色套印织物的工具。大的为主纹板，形如火焰；小的为定位板，呈"人"字形。印花的方法是完全用手工套印，即印花工人手拿凸版像盖印章一样在展开的织物上一行行盖印。板模印花纹样与长沙马王堆出土的两件印花纱相似。它的发现对研究纺织工业史有重要意义。

第八章

法门寺地宫

法门寺地宫

位 置	中国陕西省宝鸡市扶风县
年 代	873年
点 评	供奉佛祖佛指舍利的宝库

千年古刹话传奇

　　1981年8月里的一天，陕西八百里秦川上空乌云滚滚，雷声不断。突然，矗立在扶风县城北法门镇的一座古塔上空腾起一个火球，紧接着就是一声天崩地裂的惊雷——古塔被从中劈开，应声倒地！

　　此塔是著名佛教古刹——扶风法门寺的标志性建筑。法门寺距西安118公里，始建于东汉时期，初名阿育王寺，唐朝时改名"法门寺"，并修成瑰琳宫二十四院，颇具规模。

　　据佛典记载，公元前486年，佛祖释迦牟尼在印度一个树林中圆寂，其尸体焚化后的尸骨结晶体和未烧尽的遗骨被称作舍利，由其亲属和弟子们作为圣物收藏。100多年后，统一了印度半岛的阿育王皈依佛门，将他收集所得佛舍利共84000枚散施世界各地，建塔供养。中国共得19枚，法门寺所得为第5枚。法门寺将佛指舍利建塔供奉，此塔也因此被称为"圣冢"。

　　法门寺佛骨受到了历代统治者的尊崇，还引发了唐代每30年一次的迎佛骨活动，共有6次迎佛骨进宫活动，形成了中国佛教史上最盛大、最狂热的典仪。其中最著名的一次就是显庆五年（660年），唐高宗李治第一次迎佛骨进宫奉养，并与皇后武则天一起为佛骨制作了九重宝函和金银棺椁，还派工匠在法门寺宝塔下修造了地宫。

　　咸通十五年（874年）正月，唐僖宗下令将8个月前由其父懿宗迎奉来的佛陀真身舍利送回原塔，并下诏置入塔下石室封存。此后历经千年，宝塔几经修葺，几番兴衰，却没人再能开启地宫之门。

　　转眼进入抗战时期，历经风雨侵蚀的宝塔已颓破不堪了。1939年，爱国志士朱子桥将军决定对宝塔进行修缮。当民夫们清理塔基时，无意中挖到了地宫顶盖，并通过一条石缝看到了那个

扶风法门寺

放满珍宝的奇妙世界。朱子桥将军闻讯后匆匆赶来，他曾看过关于此地宫有佛指舍利等珍宝的记载，深知它们的价值。

考虑到当时正值乱世，陕西抗战形势异常严峻，宝藏面世必会经历浩劫，朱将军毅然决然地下令封上地宫顶盖，说国难当头，要是让地宫中的圣物落入强盗之手，大家就愧对佛

法门寺地宫甬道

祖，更会成为民族罪人。他还让在场的人发重誓，绝不将看到的秘密说出去。

在朱将军的主持下，宝塔不久就修缮一新。而那些知道有宝藏存在的人，出于对朱将军的敬畏和一颗爱国之心，在以后的几十年中，真的遵守誓言，没有将这个重大发现透漏给任何人。

打开地宫之门

转眼间到了1981年8月，一个风雨之夜，法门寺塔半边倒塌，引起了国内、国际佛教界的广泛关注，许多人士积极奔走，呼吁有关部门重修宝塔。

1985年秋，陕西省政府正式决定重修法门寺塔，考古部门也随之进驻法门寺。然而谁也不会想到，因为重修，一个埋藏了多年的绝世秘密终于重见天日。

1987年4月2日，人们在修塔的过程中发现了一个被土填实的井。泥土被挖出后，一块巨大的汉白玉石板露了出来，有人借着手电筒的光，透过石板裂缝往里一看，不由得惊叫起来——里面是金灿灿、明晃晃的一大片！

于是众人加紧了宫门的搜寻工作，4月4日，地宫的入口被找到。入口宽约2米，下面有砖砌的台阶，共有19级之多。每个台阶上都摆着一盏瓷灯，且洒满了厚厚的铜钱。除了少量的汉代五铢钱外，大部分是唐代的"开元通宝"及"乾元通宝"，没有晚于唐代的，这说明地宫中的文物是唐代的。

进入地宫，首先迎接人们的是一道高约1米、朴素无装饰的石门，门槛上雕有莲花和佛像，透着庄严肃穆的气息。为表示对佛教的尊重，开启石门之前，考古专家请来了法门寺的住持法师设案诵经，为即将出世的佛教圣物诵经祈祷。

　　石门开启，展现在人们面前的是一条长长的甬道。地上依然是厚厚的一层铜钱，加上宫门口的铜钱，总共有7万枚之多，几乎包括了唐代所有年号的钱币。其中最为稀有的是13枚玳瑁"开元通宝"，这是世界上目前发现最早的、绝无仅有的玳瑁币。

法门寺地宫珍宝——唐鎏金四天王顶银宝函

地宫甬道的尽头是第二道石门，门上雕刻有两尊对称的菩萨像，门框上还有坐佛像和护法的天王像，十分庄严肃穆。由于长年承受重负，石门已经断裂。

石门前矗立着两块石碑。细读碑文，考古专家们大喜过望。原来，它们是《大唐咸通启送岐阳真身志文》和《监送真身使随真身供养道具及金银宝器底物账》，上面详细地记载了法门寺真身舍利的由来及唐朝诸帝迎奉佛骨的情况，还有地宫内密封的各种珍宝的名称、数量及质地。从物账上看，除一些难以计数的钱币、衣物外，共有各种宝物2489件。后来，考古人员按这个账本查找地宫中的藏物，竟一件不少。

金碧辉煌的藏宝

打开第二道石门后，就进入了地宫前室。大理石地面上不见了铺地的铜钱，却堆满了令人眼花缭乱的金银珠宝和丝锦织物。这些全都是唐代帝王迎佛骨进宫供奉期间宫内女眷和王公大臣们布施的宝物。

丝织品主要有纱、绢、罗、绮、绣、锦等，这些绚丽多彩的丝织品都是当时宫廷供品，皆价值不菲。最引人注目的是武则天赏赐

武则天所赐的金绣裙

金花双环12轮银锡杖杖首

的金绣裙，这也是迄今为止发现的唯一一件武则天的遗物。

遗憾的是，大部分丝织品已经炭化或部分炭化。在炭化的丝织品中，人们惊讶地发现有5件蹙金绣被完整地保留了下来。金丝细仅0.1毫米，反映了唐代丝织工艺水平的高超，也正是这些镶嵌在织物中的金线阻挡了时光的侵蚀，让我们在1000多年后还能一睹唐代丝绸的真容。

前室还有石函、白瓷瓶、锡杖等法物。其中的金花双环12轮银锡杖长1.96米，用金62两、银58两，后被认定是"世界锡杖之王"。

接着，考古专家又被一座高78厘米的汉白玉阿育王塔吸引住了。它是由整块汉白玉石料雕绘而成，共由塔刹、塔身、塔座三部分组成。塔的四面雕刻着身姿婀娜的菩萨像和12名护法力士，朱红色的裙裤和粉绿色的披带就像刚刚画就一般鲜艳夺目。塔虽小巧玲珑，却透着一股非凡的气势，令人不由得顿生肃穆敬仰之意。

前室的清理告一段落后，大家

汉白玉阿育王塔

又都把目光投向了两只张口怒目的汉白玉狮子，隐藏在它们后面的就是地宫第三道石门。石门分为两扇，上面绘有两幅威风凛凛的护法天王像。推门望去，室内金碧辉煌，考古队员们又禁不住一阵欢呼。

这是地宫的中室，迎面是一顶巨大的汉白玉灵帐，通高116厘米，上披三领金光耀眼的纯金罗蹙金团花袈裟。旁边是一双金鞋。帐前还有4个金银包角的檀香木箱，内装鎏金菩萨像和秘色瓷等绝世珍宝。其中的16件秘色瓷釉彩细润，光可鉴人，美观大方，造型别致，具有极高的审美价值和史学价值。

秘色瓷

秘色瓷简称秘瓷，是中国古代瓷器发展史上以越窑为主体的青瓷工艺的一种产品形态。被称为秘色，不是因为其色调特殊或制作隐秘，而是在人们未能熟练掌握工艺的情况下，很难确保瓷器质量，烧制出来的青瓷往往出人意料。高质量的秘瓷专作供奉之用，异常珍稀，罕有传世之品。法门寺地宫秘色瓷的发现，为研究秘色瓷提供了新的线索。

专家们还来不及细看宝物，就又发现了第四道门。石门两侧有护卫的天王像，还有一尊雕刻精美、栩栩如生的菩萨像。造像之上有一句题记："奉为睿文英武明德至仁大孝广孝皇帝，敬造捧真身菩萨永为供养。"看完题论，在场的人无不热血沸腾，因为这就是在告诉人们，千百年来的传说是真的，这个地宫里，的确有佛祖释迦牟尼的真身舍利！

失传千年的佛指舍利

考古队员打开第四道门，进入地宫后室，但见一片金碧辉煌，满眼流光溢彩——这便是人们从井筒中窥见的地方。整座石室面积大约只有1.6平方米，堆满了唐王室的供奉器物，有餐具、茶具、鎏金银盆等。其中金银器121件，各种珠宝玉石400多件。最奇妙的是两个鎏金银质圆球"香囊"，为了防止香囊晃动时香料流出，工匠们在圆球内部装了两个平衡环。圆球滚动时，内外平衡环也随之滚动，而香囊的重心却不动。

这些器物以石室中部的宝函为中心，层层摆放。而最引人注目的"八重宝函"，就像8个方形的箱子相套在一起，由外至内逐渐缩小。专家们一层层打开金包银裹的七层宝函，最后，是一座小巧别致的小金塔，塔身内空，有四门。专家轻轻取下塔身，只见塔座上面的金柱上套竖着一根拇指大小的洁白似玉的管状物——佛指舍利面世了！

法门寺地宫出土的
鎏金银茶笼子

仿佛是佛祖在冥冥之中的安排，此时是1987年5月5日凌晨1点，在古老的东方历法上恰好是佛祖诞生的时刻。那个千百年来在民间流传、在古籍中记载、在信徒心里膜拜的佛指舍利，真的在法门寺地宫出现了。

然而，激动过后，经鉴定确认，这枚舍利竟然是玉质的。就在人们有些失望地离去前，一位考古人员无意间发现，在地宫后室的一个角落里有片松动的浮土。

经发掘，一个密龛露了出来，密龛中有个不大的包裹，里面是一个锈迹斑斑的铁函。打开铁函，里面又是一层套一层，最里面是一个黄蓝宝石水晶椁和一个洁白的壶门座玉

法门寺地宫出土的鎏金银质"香囊"

棺，一枚佛指舍利静静地躺在玉棺里。这枚舍利色泽微黄，有裂纹，有蜡质感，有星星点点的白色雪花点附在上面，不如前面的那枚舍利光滑、透亮。突然，铁函上一行錾文吸引了人们的视线："奉为皇帝敬造释迦牟尼佛真身宝函。"毫无疑问，这就是至高无上的佛祖释迦牟尼真身指骨，也是世界上唯一的指骨舍利。

接着，考古人员又先后在前室阿育王塔和中室灵帐里发现了另外2枚玉质舍利。至此，法门寺地宫共发现4枚佛指舍利：1枚真身佛指，是灵骨；3枚玉质佛指，是影骨。影骨既是保护真身舍利的复制品，又是真身舍利的影像，受到与真身舍利相同的供养。法门寺地宫佛指舍利子的发现，证实了历史记载和佛门的传说。自874年法门寺地宫封埋，至1987年重新被发现，时间已过去了1113年。

至此，法门寺地宫的发掘工作结束。此次发掘，总面积达1300平方米。整座地宫结构复杂，用材讲究，雕饰精美，在目前全国已发掘的塔基地宫中是独一无二的。地宫及大批文物的发

现，是继秦代兵马俑之后震惊中外的考古工作的重大成果，是我国唐代考古的空前大发现，也是佛教界的一大盛事。

1988年11月，历时1年的法门寺工程全部竣工，巍峨高耸的真身宝塔和唐代风格的博物馆建筑相互辉映，矗立在古老的黄土大地上。曾经为重修宝塔奔忙的父老乡亲奔走相庆，更多的善男信女聚集在法门寺，膜拜佛祖真身舍利。香烟缭绕，经声佛钟，千年古刹法门寺历经无数劫难之后，重获新生了。

法门寺四门纯金塔

第九章

定陵地宫

定陵地宫

位 置	中国北京市昌平区明十三陵之定陵
年 代	约300多年前
点 评	中国迄今为止唯一一个被大规模挖掘的皇陵

开启地宫之门

    定陵是明十三陵中的一座。明十三陵是中国明朝皇帝的墓葬群，坐落在北京西北郊昌平区境内的燕山山麓的天寿山。在中国传统风水学说的指导下，我国的皇陵都十分注重陵墓建筑与大自然山川、水流和植被的和谐统一，追求"天造地设"的完美境界，用以体现"天人合一"的哲学观点。十三陵也不例外，它为群山所环绕，绿树所遮掩，建筑与自然合二为一。

    考古工作者原计划首先对十三陵中明成祖朱棣的长陵进行发掘，但挖掘一开始就陷入了困境，考古队在宝城、宝顶上勘探了一年，竟然找不到一点线索。在这种情况下，发掘委员会决定将目标转向献陵。献陵是朱棣长子明仁宗朱高炽的陵墓。然而，半个多月后考古队仍然一无所获。当时考古队的技术指导夏鼐等人研究决定将目标转向定陵，定陵是第十三帝明神宗万历皇帝朱翊钧及其二位皇后的合葬陵墓。从发掘长陵到转向定陵，明十三陵的发掘真可谓一波三折。

考古队移师定陵后，从宝城前开始勘察，几天的劳苦奔波，队员们个个脖子发木，腰酸腿痛，精疲力竭，然而回报他们的仍是一无所获。一天，当队员们转到宝城东南一角时，队长赵其昌突然发现在离地面三米多高的城墙上方，有几块城砖塌陷下来，露出一个直径约半米的圆洞。由于没有梯子，队员们便搭人梯上到洞口。经观察，这个洞口像一个门券的上端，依稀可辨别砖砌的痕迹。"这是地宫入口！"队员们欢呼雀跃，长期以来的困惑也被抛在了脑后。经验丰富的夏鼐估计这里就是通往地下玄宫的

通往地宫的金刚墙

入口。

　　由于发掘工作量大，发掘委员会雇了周围村庄的60多位农民前来帮忙。1956年5月17日，考古队决定在宝城内侧对着发现的洞口挖一条宽3.5米、长20米的探沟。

　　经过两个小时的艰难挖掘，宝城内侧砌的石条终于暴露出来。在一块石条前，有个农民忽然惊叫起来："石条上有字！"大家围住石条，看见了石条上露出的字迹："隧道门"。10多天后，当探沟挖到离地面4.2米的深处时，发掘委员会发现了两侧用城砖整齐平铺的砖墙。两墙之间距离8米，如同一个弧形的胡同由南向北弯曲伸张。这由砖墙构成的通道便是史书记载的通向

定陵地宫内部

定陵的龙爪树

皇陵的第一条隧道——"砖隧道"。

进入9月后，一直不太顺利的发掘工作出现了转机。一名参与发掘的农民栾世海意外地在土中发现了一块小石碑，小石碑上刻有16个字："此石至金刚墙前皮十六丈、深三丈五尺。"根据小石碑上的记载，1957年5月17日，考古队准确找到了"金刚墙"封口。这块小石碑后来被考古队称为"打开定陵地下玄宫的钥匙"，被珍藏在定陵博物馆。

金刚墙被发现数天之后，一个衣衫褴褛的老头出现在了定陵发掘工地，见有人过来就走上前，极为神秘地说："我家藏有祖传陵谱，上面写着这定陵地宫里有一条小河，上面飘着一只小船，要想见到万历皇帝的棺椁，必须踏舟而过。河里有万丈深沟，沟底铺满铁刺，上面铺一条翻板，要想渡船过河、踏板越沟，必须是生辰八字相符者才能成功，不然必得丧命……"老头的话让发掘人员的心里有点惴惴不安。

拆除金刚墙的战斗打响了，发掘人员全都戴上了防毒面具。金刚墙被打开了一个缺口，一股发霉的黑气从洞口"咻咻"涌出。待这股黑气稍稍散去，考古队长赵其昌第一个从打开的洞口翻了进去。队员们跟着他在偌大的墓道里摸索前行。蓦地，两个队员几乎同时喊道"地宫门！"顺着电光，两扇洁白如玉的巨大石门出现在眼前。这是用整块汉白玉做成的两扇石门，历经几百年仍然晶莹似玉，洁白如雪。

大家一起用力推石门，但门纹丝未动。一个人用手电沿门缝照去，只见一块大石条从里面将大门死死顶住。石条顶住石门，不会是忠于皇帝的奴仆所为，因为地宫是葬帝、后的地方，外人不能与帝、后同穴。从两扇石门间的缝隙分析，顶门石是从外边完成的，因此应该有一种可以从外边拉住顶门石的工具。据史书记载，"拐钉钥匙"就是这样的一种工具，从外面拉住顶门石。拐钉钥匙无疑是开关石门的关键。夏鼐叫人找来了一些八号铁丝，仔细观察石门和顶门石的位置，模仿着用铁丝弯成了一把"拐钉钥匙"，试着用此"钥匙"配合一些竹片推顶门石，居然一下就推开了。

明十三陵

在北京城西北约44千米处的昌平区天寿山南麓，坐落着一个盛大的皇家陵园，那就是埋葬明朝迁都北京后13位皇帝的地方——明十三陵。明十三陵陵区面积达40多平方千米。从1409

年长陵的营建到清顺治初年的思陵，在200多年的时间内依次修建有长陵（成祖）、献陵（仁宗）、景陵（宣宗）、裕陵（英宗）、茂陵（宪宗）、泰陵（孝宗）、康陵（武宗）、永陵（世宗）、昭陵（穆宗）、定陵（神宗）、庆陵（光宗）、德陵（熹宗）、思陵（思宗），故称十三陵。陵内埋葬着皇帝13人、皇后23人、贵妃1人及殉葬皇妃数十名。在各陵中仅定陵于1956年进行了考古发掘，其他陵寝墓室建筑均保存完好。

打开地宫宝藏

　　打开石门，进入地宫后，经考古队员测量，这座地下宫殿长67米，总面积1195平方米，通体纯石结构，不用梁柱，全用券拱。宫殿由前、中、后、左、右五个高大殿堂组成。各殿之间有甬道相通，又各被石门相隔。后殿的门位于中殿后端，考古队员用"拐钉钥匙"打开了后殿的大门。后殿中部偏西处有三个棺床，在棺床上并排放着三口朱漆大棺，里面分别躺着万历皇帝和他的两位皇后——孝靖皇后与孝端皇后。考古队员激动地拥抱在一起，眼里闪动着泪花。

万历皇帝金丝冠

玉爵杯

考古人员按顺序先后清理了孝靖皇后、孝端皇后的棺木，从中清理出了无数的金银玉器和成百匹的罗纱织锦，这些锦缎虽然历经300年但仍然金光闪闪。考古队员最后清理万历皇帝的棺木。棺内除了万历皇帝的尸体外，还塞满了各种陪葬品。最上层盖的是织锦被，被下放着袍服和织饰匹料，尸体下垫着一条锦被，被下还垫着9层被褥，其中一件褥上缝缀"吉祥如意"金钱17枚。万历帝身着刺绣衮服，腰系玉带，头戴金丝翼善冠，下身穿黄素绫裤，足蹬红素缎高绣靴。万历帝尸体已经腐烂，仅存骨骼。

1958年7月，经过两年零两个月的挖掘和清理，定陵地宫共出土各类丝织品和衣物、金银器、瓷器和琉璃器、玉石器、漆木器、首饰、冠带和佩饰、梳妆用具、木俑、武器和仪仗以及谥册、谥宝和圹志等器物2846件（不包括钱币和纽扣），其中金银器560件。560件金银器中有金器289件，计有酒注2件、爵4件、执壶5件、壶瓶2件、匙箸瓶1件、提梁罐1件、带柄罐2件、盆9件、盒10件、漱盂7件、唾壶4件、盘1件、镶花梨木金碗4件、杯5件、盏1件、香薰2件、肥皂盒1件、匙2件、箸2件、枕顶2件、金锭103枚、金饼1枚以及"吉祥如意钱"17枚和"消灾延寿"金钱100枚等25类。银器271件，计有尊1件、把壶1

件、提梁罐1件、盘3件、漱盂1件、盆1件、碗1件、勺1件、肥皂盒1件、器盖2件、银锭63枚、银饼1枚和鎏金银钱192枚等13类。除金锭103枚、消灾延寿钱100枚、吉祥如意钱17枚、银锭65枚、鎏金银钱192枚和银饼1枚外，其他82件金银器具大部分是宫廷的日用品，分别出自帝后棺内尸体上下两侧，少数放在随葬器物箱内，有些器

孝靖皇后凤冠

具底部有许多划痕，这表明有的器具是皇帝和皇后生前使用过的生活用具。

定陵出土的金器中以皇帝、皇后的金冠、凤冠最为精美。万历皇帝的金丝翼善冠，用极细的金丝采用多种工艺编织而成，且堆垒出二龙戏珠图案，做工非常精细，龙的造型生动有力，气势雄浑。皇后凤冠共有四顶，分别为三龙两凤冠、十二龙九凤冠、九龙九凤冠、六龙三凤冠。其中六龙三凤冠最为精美，六条用金丝编织的龙雄踞于凤冠之上，三只用翠鸟羽毛粘贴的凤屈居其下。均口衔珠宝串饰的龙、凤，在珍珠宝石缀编的牡丹花、点翠的如意云及花树之间穿行嬉戏。此凤冠珠光宝气，共有红、蓝宝石128块，珍珠5400多颗。

丝织品在定陵出土文物中占有极重要的地位，各种袍料、匹料和服饰用品达600多件。多姿多彩的服饰中，尤以刺绣百子衣最为珍贵，该衣出于孝靖皇后棺内。百子衣图案以升龙、行龙左右盘绕与百子嬉戏为主题，庄重富丽。龙纹姿态生动，龙身粗壮有力，四周饰以云、海水等纹样，更衬托出龙的威严气势。在前后襟的下半部与宽大衣袖上，绣有100个体态丰腴、活泼可爱的童子，神态各异，栩栩如生。百子周围饰有金银锭、方胜、古钱、犀角等八宝。整个纹样寓有"子孙万代，多福多寿"之意。

出土于万历帝棺内的猫儿眼带饰也是无价之宝。猫儿眼又叫"猫睛石"，为具幻光性的金绿宝石亚种，产自锡兰（今斯里兰卡），石色淡黄，中含青纹，经琢磨成型后会出现游动的光带，宛如猫眼。这条带饰上镶嵌的猫儿眼不仅大而且质地极好，一道夺目的白光随时变换，如猫眼一般，四周装饰红、绿宝石及珍珠，底部为花丝金托，灵芝形圆钮。该猫儿眼拇指般大小，乃世间罕有之奇珍。

定陵出土的文物中，除了金冠、凤冠、夜明珠、明三彩、玉爵杯等国宝之外，还有帝后画像等大批珍贵的历史资料。

无价之宝——大碌带

万历帝棺内的大碌带为无价之宝。佩带用双层黄色素缎内夹一层皮革制成，带上缝缀20块嵌宝金饰件，每一金饰均为扁金制成的缠枝花形金托，托正中镶祖母绿一块，四周嵌石榴子红宝石及珍珠数颗。据统计带上共有祖母绿20块，石榴子红宝石91块。祖母绿属绿柱石类，产于西伯利亚、巴基斯坦等地，质优者在国际市场上可与钻石相媲美。这条大碌带上的祖母绿色绿透明，品种极为名贵，是真正的无价之宝。

因定陵悲剧而引发的争论

定陵是目前十三陵中唯一被发掘的地下宫殿，也是中华人民共和国成立后有计划发掘的第一座帝王陵墓。令人惋惜的是，1966年"文化大革命"风暴席卷中华大地。红卫兵在"打倒地主阶级的头子万历"的口号声中，将保存在定陵文物仓库中的三具尸骨及一箱帝后画像、资料照片等抬到博物馆大红门前的广场上批斗，帝后尸骨被无情地砸烂，继而点火焚烧。一场浩劫洗尽了多少珍宝，恐怕没人能够说得清，那是整个中华文明的悲哀。

定陵的悲剧并不能阻止人们的好奇心，在经济利益等各方面因素的驱动下，许多人对挖掘帝陵的兴趣更为热切。2006年，著名经济学家张五常发表了一篇《是打开始皇

位于乾陵的武则天无字碑

107

乾陵壁画

陵墓的时候了》的文章，立即引来广泛关注。他提出，为了振兴西安经济，应立刻打开秦始皇陵，效益一定会非常可观。

不久，"乾陵藏宝500吨"的说法又在社会上掀起了轩然大波。乾陵是唐高宗李治和他的皇后武则天的合葬墓。据记载，唐高宗临死时曾留下遗言将生前所喜爱的字画埋进墓内，加上武则天和唐高宗处在封建王朝的全盛时期，墓内陪葬品的价值无法估量。专家预测，若能打开，乾陵将会成为世界上最大、最具观赏性的博物馆。乾陵地宫里，到底有多少文物呢？据一位资深的文物工作者推算：保守一些说，最少有500吨！别的不说，单单就是那件极有可能藏在乾陵内的顶尖级国宝《兰亭序》，就是一个巨大的诱惑。

其实早在"文革"前，就有人提出挖乾陵。当时，周总理做出批示：我们不能把好事做完，此事可以留给后人。1986年陕西文物局再次提出发掘秦始皇陵、乾陵报告，国家文物局考虑到文物保护因素，再次否决。2000年老山汉墓发掘后，陕西又有人提出"抢救性发掘"秦始皇陵、乾陵的计划，主要理由是秦始皇陵、乾陵处于地震带，可能在地震中遭遇破坏，而且陵墓位于喀斯特地形区，地下水会毁损文物等。但是经过多次勘探，科研人员发现秦始皇陵、乾陵地宫保存得相当完好，并没有进水，抗震性能依然很强。因此此提议再次遭到国家文物局的否决。

与此同时，也有人是坚决反对挖掘帝王陵墓的，最主要的理由就是文物埋藏在地下几百或几千年，已经适应了地下与地面相对隔离的环境，一旦出土，暴露在空气之中就会不可避免地毁坏。北大考古学教授宿白说，"定陵出土的丝制品就是一个教训，现在人们还不敢碰，一碰就成碎末了……法门寺地宫出土的丝绸，至今放在冰箱里冷藏不敢拿出来示人，不是足以说明我们现有的保护条件不过关吗？"

负责挖掘定陵的考古队长赵其昌也说："定陵当时我是赞成挖的，但就是因为我经历的一切，我现在不赞成挖任何一个帝王陵！挖掘帝王陵，我们虽然从中得到了不少，但我们所失去的比得到的要多得多。比如用'聚甲基丙烯酸甲酯'加入软化剂涂在半腐的衣服上，但这种涂料是不可逆反的，不久涂料老化龟裂，丝织品也随之碎裂，当时的我们真是太无知了。"

目前考古界的主流观点是，在科学技术条件还有局限的情况下，不挖掘要比挖掘好，因为相对而言，地下1000多年的微环境还是相对稳定的。

第十章

尼雅古城

尼雅古城

位 置	中国新疆和田地区民丰县（尼雅镇）境内
年 代	约1800年前的汉晋时代
点 评	有"东方庞贝城"之美誉

斯坦因发现"东方庞贝"

19世纪末20世纪初，一股"探险考古热"在西方盛行，英籍匈牙利人斯坦因便是其中非常狂热的一位，他在英国和印度政府的支持下，先后三次进行中亚探险。而他的首次中亚之旅就发现了尼雅古城。1901年1月，在经过艰苦的沙漠跋涉之后，斯坦因一无所获地回到绿洲。在沙漠边缘一个叫可利亚的村子里，一个名叫易不拉希姆的村民主动跟斯坦因打招呼。这个村民告诉他自己家里有两块从沙漠深处一座古城里拣来的木简，问他要不要看一看。看到木简上刻着的文字，斯坦因非常激动。精通古代文字的斯坦因知道这是中世纪流行于印度西北部的卡洛西提文的手写体，珍稀异常。在斯坦因的追问下，易不拉希姆手忙脚乱地比画了好一阵，斯坦因完全明白了，那座古城就是尼雅，一座让他魂牵梦绕的古城。

大漠深处的尼雅遗址

在英国和印度政府的资助、新疆地方政府的帮助以及易不拉希姆的指引下，斯坦因在新疆塔克拉玛干沙漠南缘的尼雅河畔发现了一座古城遗址。在这里，斯坦因接连不断地发掘出佛经、汉简、梵文雅语、陶器、铜镜、耳饰、铜戒指、铜印、铜镞、带扣、铁器、玻璃、贝器、水晶珠饰、木器、漆器、残片和各类织物。此外还有捕鼠夹、靴熨斗、弓箭、木盾、红柳木笔、六弦琴等斯坦因从来没有见过的东西。斯坦因将凡是能打包带走的东西都运走了。斯坦因先后四次来到尼雅，掠走文物不计其数。这些文物被带回英国后，西方学者大为震惊，他们不敢相信在东方的茫茫沙海之中竟然隐藏着如此辉煌灿烂的古代文明。这就是被称为"东方庞贝城"的尼雅遗址。

斯坦因

斯坦因（Marc Aurel Stein）（1862—1943），英国探险家，原籍匈牙利。斯坦因10岁时就被送到德国上学，在学校里

113

学会了德语、英语、还精通希腊文和拉丁文，后来他在莱比锡和维也纳又学会了梵文和波斯语，21岁时取得了博士学位。25岁时他独身一人来到印度克什米尔地区，从此开启探险、测绘和考古事业。斯坦因把一生中最好的年华都花在了亚洲腹地的探险考古活动上，终生未婚。在英国和印度政府的支持下，他先后三次进行中亚探险，从中亚（特别是中国）掠走大量珍宝。

寻找尼雅消失之谜

　　斯坦因发现的尼雅遗址，不仅震惊了西方世界，更引起了中国学者的广泛关注，毕竟这种文明发生在中国境内。以诗词造诣扬名的中国学者王国维，就是其中最杰出的一位。历史文化知识丰厚的王国维经过考证，最早指出，尼雅就是《汉书》中所记载

新疆民丰尼雅遗址出土的各种物品

的精绝国。斯坦因后来的发现也证实了王国维的这一推断。1931年，斯坦因从废墟中挖掘出26枚汉代木简，是用当时中原王朝通用的书写形式。就在这些木简中，他终于发现了让他期盼已久的记载，"汉精绝王承书从……"这7个字直接清楚地告诉人们：尼雅就是《汉书·西域传》中的精绝国故址。

新疆民丰尼雅遗址出土的弓箭

据《汉书·西域传》记载，精绝国位于昆仑山下，塔克拉玛干沙漠南缘，受汉王朝西域都护府统辖，国王属下有将军、都尉、驿长等。精绝国虽是小国，但它位于丝绸之路上的咽喉要地，地理位置十分重要。史书所描述精绝国所处的环境是："泽地湿热，难以履涉，芦苇茂密，无复途径。"从寥寥数语中可以看出，当时的精绝国是一片绿洲。公元3世纪以后，精绝国突然消失了。

精绝国是如何神秘消失的？许多专家、学者为此争论不休。

为了揭开这千古之谜，1995年中日两国考古学家深入塔克拉玛干沙漠，开始了对尼雅遗址的大规模科学考察。这次考察收获颇丰，出土文物之丰富，保存之完好震惊了中国乃至世界考古界。这次考古价值最高的发现是大量保存完好、特色鲜明的织锦和写有佉卢文的木简函牍。

解读佉卢文木牍后发现，精绝王国长期受到来自西南方苏毗人的威胁与入侵。木牍的文字表明苏毗人对尼雅王国的威胁和入侵是一步步深入的，如"苏毗人之威胁令人十分担忧，余等将对城内居民进行清查"；"现有人带来关于苏毗人进攻之重要消息"；"现来自且末之消息说，有来自苏毗人之危险……，兵士必须开赴，不管有多少军队……"显然尼雅人无法抵御强大的苏毗人的进攻，"苏毗人从该处将马抢走"，"苏毗人抢走彼之名菩达色罗之奴隶"。考古学家们在这个沉睡了1800年的废墟上，看到宅院四周尸骨累累，内部各种遗物四处散落，房门敞开或半闭。用来存放佉卢文的陶瓮密封完好没有拆阅，储藏室里仍有大量的食物，甚至纺车上还有一缕丝线。这一切似乎告诉人们尼雅王国在面临长期的入侵威胁之后，遭到了致命一击，甚至没留下最后的文字记载。

佉卢文木牍上记载的苏毗人究竟是指谁？在各种史书上没有关于苏毗人的任何记载，这个凶猛好战而富于侵略性的民族会是些什么人？精绝王国后裔们的命运如何？这些都成为未解之谜，等待着我们去探索，去发现。

佉卢文

佉卢文最早起源于古代犍陀罗，是公元前3世纪印度孔雀王朝阿育王时期的文字，全称"佉卢虱底文"，最早在印度西北部和今巴基斯坦一带使用，1~2世纪时在中亚地区广泛传播。4世纪中叶随着贵霜王朝的灭亡，佉卢文也随之消失了。18世纪末，佉卢文成为一种无人认识的文字，直至1837年才被英国学者普林谢普破解。

第十一章

楼兰古国

楼兰古国

位　置	中国新疆巴音郭楞蒙古族自治州若羌县北境
年　代	约1600年前
点　评	有高度文化的古城遗址

楼兰古国重现人间

　　楼兰古国位于新疆巴音郭楞蒙古族自治州若羌县北境，罗布泊以西，孔雀河道南岸7千米处，西南距若羌县城220千米，东距罗布泊西岸28千米。楼兰古城遗址就散布在奇特的雅丹地貌之中。

楼兰佛塔

楼兰三间房

1900年3月初，瑞典探险家斯文·赫定带领探险队员沿着干枯的孔雀河左河床来到罗布荒原，他们在穿越一处沙漠时才发现铁铲不慎遗失在了昨晚的宿营地。赫定只得让他的向导回去寻找。他的向导是一位名叫艾尔迪克的当地农民，艾尔迪克冒着巨大危险原路返回寻找铁铲。他幸运地找到了那把丢失的铁铲，但在归途中他遭遇了一场可怕的沙暴。狂风卷着滚滚黄沙，差点要了他的命。风沙过后，艾尔迪克睁开了双眼，奇迹出现了：一座沧桑的古城，灰色的城墙，长长的街市，参差不齐的房屋和高大的泥塔，还有烽火台……这是梦境，还是魔宫？备感恐惧的农民连忙起身，捡起了几枚古币和两块雕花木板，便匆匆逃离了这里。

见到木雕残片，赫定异常激动，决定去发掘这座废墟。1901年3月，备足了生活必需品的赫定探险队重新回到了楼兰古城一带，寻找古城。寻找之旅并不顺利，赫定几次想放弃，但最终还是坚持了下来。就在赫定万念俱灰的时候，步履蹒跚的骆驼在一个挡住去路的庞然大物前停住了脚步。赫定认出了这是一座巨大的佛塔，在佛塔脚下，气势恢弘的古城分布在古河道两岸。古城如同中了魔法突然睡去，除了佛塔，古城给人留下最深刻印象的建筑物是由四堵厚实的墙壁分割成的三间房屋。后来佛塔就成了古城的象征，建筑物则被称为"三间房"，此地出土的重要文物大都出自"三间房"。

1902年，满载而归的赫定回到了瑞典。18个月之后，罗布泊古城出土的文书被交给了德国的汉学家们。研究发现，在这流沙掩埋了十几个世纪的古城中找到的木简和残纸上都出现了该地的地名，原来它就是丝绸之路上的重镇——楼兰！

考古学家斯文·赫定

1865年，斯文·赫定出生于瑞典首都斯德哥尔摩，当时正是"世界地理大发现"的高潮。1886年，斯文·赫定进入大学学习。他的老师就是著名的"丝绸之路"名称的首创者李希霍芬教授。1890年4月，作为瑞典王国外交使团的翻译，斯文·赫定到中东考察。随后，在国王的支持下，他开始了亚洲探险。1899年，斯文·赫定在瑞典国王及诺贝尔的资助下，进入新疆进行第二次考察探险。1900年，一个偶然的机会，斯文·赫定发现了楼兰王国。

千古楼兰谜团重重

汉朝时，张骞出使西域为大汉王朝打开了西域之门，班超

"投笔从戎"奠定了汉朝在西域的地位。与其他西域36国一样，只有1.4万人的楼兰，成为西汉、匈奴两强争夺西域控制权的重地，楼兰从此在大汉与匈奴之间摇摆不定。班超依靠36勇士在楼兰城郊劫杀匈奴使节，为汉朝重新确立了威

洋海古墓出土的陶器

严。班固笔下，楼兰是《汉书·西域传》中头一个重点介绍的对象，楼兰之重可见一斑。有人曾将楼兰比作控制东西方交通的"水龙头"，西方史学家孔拉特更是直接地指出，楼兰的兴衰是一块紧张的中亚世界史的纪念碑。

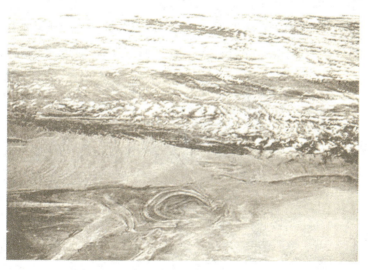

罗布泊——曾经的浩渺水域变成了茫茫沙海

"青海长云暗雪山，孤城遥望玉门关。黄沙百战穿金甲，不破楼兰终不还。"这是唐人记忆中的楼兰。《周书》是"二十四史"中最后一部对楼兰作了专门介绍的正史。也就是说，公元前2世纪，楼兰这个神秘王国突然出现在汉代的典籍上，又于6世纪的南北朝时期抽身而退。7世纪唐三藏从印度驮着经卷东归，路经罗布泊时，楼兰已是满目荒凉，不见人烟。楼兰为何会突然之间消失呢？

1979年12月，考古学家王炳华带领的中国考察队盲目地在罗布泊游荡。这是中国考古工作者第一次涉足楼兰，除了赫定、斯坦因已有的发现，他们不知该去哪里。他们顺着河床游荡，在一片连绵起伏的沙丘上，一根木棍露出了小尖，这根木棍留有人类活动的痕迹。一个排的战士，用手推车推了15天的沙子之后，一组由42座墓组成的墓群露出了它的真面目。6座摆成光芒四射的太阳型的墓群以其恢弘的气势惊呆了在场的每个人。6座墓的主人皆为男性。据碳–14测定，该古墓距今约有3800年的历史。这一

楼兰民居遗迹

发现将楼兰文明前推了2000年!

虽然太阳型墓葬气势不凡,但墓主人随葬品极少。死者以麻布裹身,头戴尖顶毡帽,帽上插有翎羽,随葬品一般是一包麻黄枝和一个草编小篓。可见,当时的生产力水平并不高。但可以肯定的是,这种文明和2000年后的楼兰文明存在着某种联系,但这两个文明之间缺失了关键的一环。

在孔雀河下游两岸,新发现的近十处古人类遗址中可以看到一些石球、手制加沙陶片、青铜器碎片、三棱形带翼铜镞、兽骨、料珠等遗物。所有的这些遗迹都表明,今天的楼兰曾经是繁华的商城。问题的关键在于,楼兰文明为何会消失得无影无踪?有人说是河流改道所致,有人说是瘟疫所致,有人说是环境恶化所致,众说纷纭。不管怎么说,人为的乱砍滥伐、无计划地滥用水源,是导致楼兰古城消失的重要原因。我们应该从中吸取教训。

古代文献对楼兰的记载

楼兰属西域36国之一,与敦煌邻接,公元前后与汉朝关系密切。《汉书·西域传》记载:"鄯善国,本名楼兰,王治扞泥城,去阳关千六百里,去长安六千一百里。户千五百七十,口四万四千一百。"法显谓:"其地崎岖薄瘠。俗人衣服粗与汉地同,但以毡褐为异。其国王奉法。可有四千余僧,悉小乘学。"《大慈恩寺三藏法师传》作了极其简单的记述:"从此东北行千余里,至纳缚波故国,即楼兰地也。"

楼兰女尸引发人种争论

1980年春，在孔雀河下游罗布泊地区铁板河一号墓里发现了一具保存完好的女性木乃伊。女尸系3380年前遗存，属于白种人，即高加索人种。

女尸的牙齿、毛发、指甲都保存完好，仿佛刚刚睡去。她面目清秀，皮肤白皙，深目微闭，被誉为"楼兰美女"。一时间，"楼兰美女"的称谓响遍世界的每个角落。

"楼兰美女"引起的震动，绝不亚于当初楼兰古城的发现。于是，楼兰人种问题就成为楼兰文明最大也最为难解的谜。经过100多年的努力，关于罗布泊地区的人种问题，大致有了一个结论：以古墓沟为代表的距今3000年前的古代居民为"典型的原始欧洲人种"。这是迄今所知欧亚大陆上时代最早、分布最靠东方的欧洲人种集群。然而他们在历史的某个时期悄然退出了他们生活的家园，不知去向了何方。

楼兰遗址出土的汉代长葆子孙锦

另外，考古学家又在楼兰古城东郊东汉的墓葬中，找到了5个欧洲人种遗体。有人根据楼兰人毛发成分测定，认为这些人很可能与来自东地中海的民族有关。总之，如果说楼兰古国是个民族成分十分复杂的国家，那么，这些古欧洲人到底属于什么民族？他们

楼兰女尸

是出于什么目的而千里迢迢奔赴楼兰？后来他们又去了哪里？

　　一个世纪以来，中外学者一直致力于考证这个神秘民族的来龙去脉。目前比较流行的说法是：楼兰的欧洲人是远古时期一支漂泊东方的印欧人古部落。他们由于某种原因向东迁移，并最终定居下来。

　　毫无疑问，今天淹没在新疆茫茫大漠中的楼兰与尼雅都曾经是一片绿洲，他们都曾创造了辉煌灿烂的古代文明，并且他们都曾与大汉文化存在着千丝万缕的联系。但他们到底是什么民族，从哪里来，最后又去了哪里？这些问题都成了未解之谜，等待着我们去探索，去发现。

人种的分类

　　根据遗传学体质特征，现代人类被分为三大人种：蒙古人种（黄种人）、高加索人种（白种人）和尼格罗人种（黑种人）。高加索人种一向被认为分布于欧洲、西亚和北非，而亚洲大部分地区和美洲则以黄种人为主。

第十二章

西藏古格王国

西藏古格王国

位 置	中国西藏自治区阿里地区
年 代	约300年前
点 评	世界屋脊的藏传佛教圣地

西藏惊现神秘的天上王国

作为世界上最高的地方，西藏从来不缺少神秘，但要在这神秘之中再寻找一个神秘地方的话，那就非古格王国莫属。古格王国是西藏继吐蕃王朝之后的600多年间，雄踞在西藏西部阿里无人区的一个伟大王朝。古格王国弘扬佛法，抵御外侮，在历史舞台上留下了浓墨重彩的一笔。然而，300年前古格王朝突然由盛而衰，消失于高原之上的茫茫沙海中，仅留下了断壁残垣横亘在凛冽的高原风沙之中。古格遗址共留下各类殿堂房屋445座，洞窟879孔，碉楼58座，各类佛塔28座，塔墙1道，防卫墙10道，隧道或暗道4条，总面积达72万平方米。

几百年来，这座古城一直默默地站立在风沙之中，等待着有缘人来发现它。早在1912年，探险活动在西方风行的年代，一位名叫麦克沃斯·扬的英国旅行家就曾来到古格，他在笔记中写道："这或许是一个巨大的城市或者古堡的遗址？……"虽然从那时起古格便引起了世界上许多专家的关注，但对大多数人来说，它仍然是一个陌生的名字。

20世纪30年代，意大利著名藏学家杜奇走进了西藏阿里无人区，见到了这片宏伟的遗迹。当他偶然发现了这个秘境中的庞大王国遗址群时，被深深地震撼了。他感叹在生存条件如此恶劣的地方，居然存在过一个如此辉煌灿烂的文明。杜奇行走在阿里先人遗留下的宫殿、寺庙、城堡遗址之间，流连忘返。三年之中，杜奇数进阿里，对古格遗址进行了初步调查，但由于种种原因，他的调查并没有深入下去。杜奇最后临走的时候，曾经这样预言

古格王国遗址（远景）

古格王国遗址（近景）

探索古格的后来人和古格的未来："虽然他们要经受艰难困苦，但经过他们的努力，古格终有一天会为世界所知，并成为世界上最吸引人的地方之一。"但后来多年，人们始终无法揭开它半遮半掩的神秘面纱。

古格遗址在20世纪80年代引起了人们的重视，1981年，《文物》杂志发表了一篇西藏文管会和新疆文管会关于古格的联合调查简报，并配发了一组照片。当时正在西北大学攻读考古学的张建林看了报道之后感到非常震撼。古格的神秘强烈地吸引着年轻气盛、意气风发的张建林。

1984年，国家文物局专门组建了一支考古队，在刚刚大学毕业两年的张建林的率领下向阿里的古格遗址进发。张建林带领众人飞抵西藏拉萨，然后又从拉萨行进2000多千米，强忍着几乎难以承受的高原反应，极其艰难地一步步接近了地处阿里高原无人区的古格王朝遗址。他们是第一批对古格王朝遗址进行正式发掘的中国考古专家。而张建林也从此开始了十进古格的考古探查。

在高原灼热的阳光下，张建林率领考古队第一次深入阿里地区。他们乘坐一辆敞棚解放卡车，从象泉河河谷颠簸前行。刚上到台地，一座土山就突现在眼前，耸立在札不让土山山顶的城堡在蓝天映衬下显得格外壮观。

古格王国遗址坐落在象泉河南岸一个台地伸出来的一座孤山上，古格人将山顶削成平台，在平台上建立起皇宫。其他的建筑

古格王宫遗址

则修建在山体自然形成的一些平台或人造的平台上。山顶的古格王宫喻示着高高在上的王权。

专家们把古格都城分为8个区，顶层的一部分叫作王宫区，这是整个城堡的核心。从王宫区往下是一片由房屋建筑和窑洞组成的防卫区。再往下是一个宗教区，有红殿、白殿、大威德殿和度母殿，这些是保存得比较好的佛殿。再往下的几个区域，就是老百姓居住的地方。因为这里海拔高，年平均气温很低，很少有树木，所以当时很多建筑都是就地取材，比如墙是用土夯筑，或者打成土坯垒砌而成，而更多的是在山体上开掘而成的窑洞。

只要走进这些窑洞，我们就可以触摸到古格人生活的艰辛。这些窑洞的间数，少则一间，多则四五间。靠外边的洞往往比较大，有灶，显然是一家人做饭、吃饭、议事的公共场所。里边再套一些洞室，作为卧室或储藏室。整个古格都城有879个窑洞，可能有一些倒塌被掩埋的还没有被发现。据估算，居住在这里的人口最多时在千人左右。

在如此恶劣的自然条件下，这个庞大王国的居民是如何生存下来的呢？无论是文献记载，还是现在调查都表明，阿里地区有咸水湖，出产湖盐。这是古格王朝重要的财政来源。另外，古格王国的中心地带象泉河谷是半农半牧区，有传统的灌溉农业。古格人很早就掌握了灌溉技术。现在的札达县和普兰县被认为是阿里地区的粮仓。因此，当时这里养活一定数量的人口是没有问题的。

古格人不仅在这里建立起了自己的家园，而且创造了令人惊叹的宗教文化，令人不禁为他们的顽强和坚韧喝彩。

杜奇（Giuseppe Tucci），又译图齐，生于1894年，意大利东方学家，擅长西藏研究，其学术研究建立在梵文、汉文特别是藏文文献和西藏历史文化实地考察的基础之上，并得到了藏族学者的协助，因此他的藏学、印度学、佛学和喜马拉雅地区的学术研究成果在国内外学术界的影响颇大。自1933年起他曾几次到尼泊尔访问，先后八次到我国西藏进行"探险""旅行"，掠走了大量历史文物、宗教文化艺术珍品和珍贵文献资料。

古格王朝的兴衰

9世纪中叶，吐蕃王朝末年，因王位继承而起的战争席卷了整个吐蕃地区，混战之后达玛继承王位。这位偏激、残酷而又独断专行的年轻吐蕃王目空一切，他崇信苯教，反对佛教。一上台他便发动了一场声势浩大的灭佛毁寺运动。达玛对佛教的态度是赶尽杀绝，表现在行动上就是烧毁佛教经卷，拆除佛教寺庙，逼迫僧人杀生。这些残暴的行为激起了佛教信徒的反抗，一时间，灭佛与反灭佛成为藏民族斗争的焦点。强盛一时的吐蕃王朝就在这场纷争中土崩瓦解，灰飞烟灭。

据藏文史籍《西藏王族世系明》记载，达玛死后，犯上之乱即起，最初发难于西藏东部，然后几乎在一夜之间动荡全藏，其状若一鸟飞腾、百鸟影从一般，四方骚动，狼烟滚滚，天下大

乱。达玛的儿子贝考赞被起义军腰斩于乱阵之中，贝考赞的儿子吉德尼玛衮在各种势力的追杀下，逃到了阿里地区。当地国王普兰王怀着对吐蕃赞普高贵血统的仰慕之情，不仅收留了这位落难的吐蕃王子，还将自己的女儿许配给他，并拥立他为王。吉德尼玛衮接手这片领地以后，便开始扩张领土，将阿里地区据为己有。随后他把3个儿子分封于三处，"长子贝吉衮占据芒域，次子扎西衮占据普兰，幼子德祖衮占据象雄。"芒域一支形成了后来的拉达克王国，德祖衮的封地后来形成了古格王朝。

12世纪中叶至17世纪前期，这段古格中期近500年的历史缺乏文字记载，其中的恩怨不得而知。我们目前唯一能确知的是，这几百年中古格和邻近的兄弟王国拉达克之间纷争不断，虎视眈

古格王朝宫殿壁画

眈的拉达克王国始终是古格王国的心腹大患。

17世纪时，古格已有了来自西方的传教士，当时的古格王和古格的宗教领袖——国王的弟弟矛盾比较深。为了巩固自己的势力，古格王开始借助西方传教士的力量削弱佛教的影响。1633年僧侣们发动叛乱，古格王的弟弟勾结拉达克军队攻打古格都城，拉达克军队以护教为名将古格王宫城堡团团围住。古格王朝最终被推翻。

关于古格战败的传说

建在山顶上的古格王宫是西藏防守能力最强的建筑，整个王宫只有一条隧道可以通到山上。战斗持续了很长时间，古格王国依仗险要的地势顽强抵抗，于是拉达克王开始驱赶古格的百姓，在古格半山腰修建一座石头楼，他想等这座建筑和山顶一样高时就可以拿下古格了。可是据说石头楼没有修完，古格国王就不忍百姓受苦，选择了投降。古格最后一个国王及全家最终被拉达克人带回拉达克都城列城关进了监狱。拉达克王任命自己的儿子统治古格，古格从此沦为拉达克的附属国。

藏传佛教圣地托林寺

灭佛运动后的一百年间，藏传佛教一直处于黑暗时代。但古格王国却在建立之初尊佛教为国教，重新确立了佛教的神圣地位。

始建于古格王国开国之初（约996年）的托林寺在藏传佛教史上占有举足轻重的地位。托林寺之所以重要，不仅因为它是古格王国最重要的宗教活动场所，而且也揭开了藏传佛教后宏期的序幕。大译师仁青桑布在这里翻译了大量的经文，并且用重金迎请印度佛教大师阿底峡等来此驻锡三年，规范了藏地佛法。在这期间古格逐渐发展成为西藏西部佛教文明的中心。当时来自克什米尔、印度、尼泊尔等地的艺术家和工匠陆续汇集到这里，修建寺院，绘制壁画。古格从此开始了与外界频繁的交往。今天保留下来的这些壁画，虽然历经数百年的风雨，色泽仍然鲜艳。这些壁画再现了古格王国当年的繁荣景象。

为了纪念高僧阿底峡的传佛活动，1076年托林寺举办了"火龙年大法会"，托林寺成为西藏西部最著名的佛寺。如今，古格王朝已经灰飞烟灭，但古格人所创造的灿烂的宗教文化仍然留在

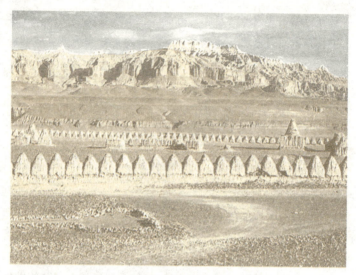

托林寺塔林

废墟的墙壁上。从遗留在古格都城里的巨大寺院，不难想象当年古格王国香烟袅袅、人头攒动的朝佛盛况。

1997—1999年，专家对托林寺进行了考古发掘，发现了一些藏传佛教早期壁画、佛塔、青铜像、经卷、唐卡等。正如古格遗址代表着古格佛教艺术的兴盛一样，托林寺废墟中掩埋的这些文物所呈现给我们的，正是古格乃至西藏早期佛教艺术的杰出成就。仅就托林寺加萨殿东北壁画一角来看，色呈青蓝的一派与克什米尔的阿契风格非常相似；金黄色一派酷似印度尼泊尔风格；而药师如来及分列其两旁的药师塑像都是长头型，与东南亚泰国、缅甸的风格非常相似。

古格王朝在鼎盛时期曾经是西藏西部佛教文化的中心，据西方传教士记载，传教士最早进入古格是在1624年。当时在果阿教区有一个传说：在喜马拉雅山以北，有上帝传播福音的遗迹，所以他们要去寻找上帝的这个遗迹。他们到了古格，发现一座城堡在一片荒漠之中拔地而起，城堡里住着五六百人，诵经的声音从各个寺院里传来，袅袅炊烟从各个窑洞里飘出，就像梦幻般的海市蜃楼。可见那时，古格王朝正兴旺发达，古格人对佛教的尊崇也达到了顶峰。

专家们曾在一个洞里发现了一个用纸和布糊成的酷似骷髅头的面具，很显然它是喇嘛教里跳神时戴的面具。专家们经过仔细察看，发现纸面上有一些西方文字。经过辨别，可以确定那是葡萄牙文的圣经。这个发现正好与史料记载吻合，当年来到古格王国的传教士就是葡萄牙籍的，他们使用的是葡萄牙文圣经。

古格未解之谜

考古队员们在古格都城遗址北面600多米远的一处断崖上发现一个洞穴，里面堆放着残缺不全的干尸。从尸体堆积的厚度判断，大概有30具左右。洞里的尸骨没有一具是完整的，都身首异处，奇怪的是洞内没有发现一个颅骨，只找到两件下颌骨。更奇怪的是，洞里虽然看不到一个头骨的痕迹，却找到了许多发辫和绑扎着的发束，这说明尸体本来应当是带着头颅被堆进洞内的，后来这些头颅却不翼而飞。

这些干尸中有近10具尸骨用藏式无领粗布长袍和毛质粗呢包裹，腰部紧系毛织绳，绳两端绕长袍将尸骨曲折捆绑成团。根据

古格藏尸洞

乱骨堆中夹杂大量破衣、布块和多节毛织绳以及捆绑迹象分析，堆放到此的尸体最初全都是穿着衣袍，有些还裹着大块毛织布，是被用绳子捆绑成屈肢状后放入洞中的。

这些残缺不全的尸体，已经无法讲述遥远的过去所发生的故事。最可信的一种推测是，当年战败后宁死不屈的古格兵士被斩去头颅，弃尸于洞中。但根根洞内发现的年轻女性尸体，从考古学与民俗学的角度分析，这似乎又是一种有一定仪礼的葬式。

从史料记载和考察的结果上看，战争造成的屠杀和掠夺并不足以毁灭曾经辉煌的古格文明。古格遗民到底去了哪里？

今天的古格故地只有十几户人家守着一座空荡荡的废墟，但这些人并不是古格后裔。那么当年众多的古格人为何消失得无影无踪了呢？到底是什么样的灾难使得如此繁荣的文明突然间消失得无影无踪？时至今日，我们对古格王国还知之甚少，少量的历史典籍，残缺并且相互矛盾的记载，不仅没能揭开古格王国神秘的面纱，反而使它更加神秘。古老的古格，像一座巨大的迷宫，将西藏西部众多的秘密深锁其中。

藏尸洞中的人腿

古格银眼

札不让北面有个叫"鲁巴"的地方，藏语中"鲁巴"意为"冶炼人"。传说古格王国时期这里以精于冶炼与金银器制造而闻名。当年，阿里地区以托林寺为主寺的下属24座寺院的金属佛像与法器，都由鲁巴铸造。据说鲁巴铸造的佛像用金、银、铜等不同的原料合炼而成，工艺精湛，通体无缝，其价值甚至超过了纯金佛像。其中，最为神奇的当属"古格银眼"铜像，只有古格才能制作，更被视为佛像中的精品，因流传于世者极少，尤为珍奇。长期以来，无人见其真面目。直到1997年夏，在皮央遗址杜康大殿的考古发掘中，出土了一件精美的铜像，才揭开了"古格银眼"之谜。这尊铜像头戴化佛宝冠，4臂各执法器，结跏趺坐于兽座莲台，头生3眼，额上正中眼为纵目。3只眼的眼球都采用镀银的技法做成，在金黄色的铜像背衬之下银光闪闪，晶莹锃亮。

附 录

考古学名词术语

考古学

考古学属于人文科学的领域，是历史科学的重要组成部分。其任务在于根据古代人类通过各种活动遗留下来的实物，研究古代人类社会的历史。实物资料包括各种遗迹和遗物，它们多埋藏在地下，必须经过科学的发掘，才能被系统地、完整地揭示和收集。因此，考古学研究的基础在于田野调查发掘工作。

考古学的产生有很深的渊源，但直到近代才发展成为一门科学。近代考古学发源于欧洲，以后普及到世界各国。北宋以来的金石学是中国考古学的前身，但直到20世纪20年代，以田野调查发掘工作为基础的近代考古学才在中国出现。作为一门近代的科学，考古学有一套完整、严密的方法论。它包含史前考古学、历史考古学和田野考古学等分支，并与自然科学、技术科学领域内的许多学科以及人文、社会科学领域内的其他学科有着密切的关系。

史前考古学和历史考古学

从研究的年代范围上划分，考古学可分为史前考古学和历史考古学两大分支。

史前考古学的研究范围是未有文字之前的人类历史，历史考古学的研究范围则限于有了文献记载以后的人类历史，两者的界线在于文字的发明。在世界各地，文字的发明有早有晚，所以各地区史前考古学的年代下限和历史考古学的年代上限各有不同。

史前考古学和历史考古学都以遗迹和遗物为研究对象。但由于历史考古学必须参证文献记载，而史前考古学则没有任何文献记载可供依据，所以两者的研究任务也有所不同。史前考古学承担了究明史前时代人类历史的全部责任，而历史考古学则可以与历史学分工合作，相辅相成，共同究明历史时代人类社会的历史。

由于史前考古学主要是研究旧石器时代和新石器时代（有时也包括青铜时代和早期铁器时代），历史考古学主要是研究青铜时代尤其是铁器时代，两者所研究的遗迹和遗物在性质上有一定的差异，所以它们的研究方法也有所不同。史前考古学要充分与地质学、古生物学、古人类学和民族学等学科相结合，历史考古学则必须与历史学相配合，同时还要依靠古文字学、铭刻学、古钱学和古建筑学等分支。从断定绝对年代的手段来说，史前考古学在很大程度上要依靠物理学、化学等自然科学的技术，而历史考古学则主要依靠文献记载和年历学的研究。

田野考古学

"田野考古学"的名称，是20世纪初正式提出来的。但当时的田野考古学主要是勘察地面上的遗迹和遗物，依靠地图进行调查，有时则要根据调查结果，测绘地图，作为记录的附件。以后，世界各地的田野考古学转入以发掘为中心，并扩大调查的对象和范围，方法逐渐完善，技术有了进步。各种自然科学的手段相继被采用，许多机械设备被用作调查发掘的工具。利用航空照相和卫星照相、磁力探察和地抗力探察等方法以发现遗迹和遗物，用红外线摄影和其他各种特殊的摄影技术测量和制图，为进行花粉分析和各种物理化学断代而取样，以及将发掘出来的遗迹保存于现场，等等，这些使田野考古学的工作面扩大，技术性加强。调查发掘的对象也由一般的居住址和墓葬等扩大到道路、桥梁、沟渠、运河、农田、都市、港口、窑群和矿场等各种大面积的遗址，从而使得考古工作者必须与各有关学科的专家协作，才能完成全面的、综合性的研究任务。

美术考古学

考古学和古代美术史往往有着共同的资料。古代美术史的许多研究对象，从旧石器时代的洞穴壁画、岩画到各个时代的绘画、雕刻、造像、各种工艺品及神殿、寺庙和石窟寺，等等，都属遗迹和遗物。考古学上的类型学和年代学等方法，也适用于古代美术史的研究。但是，作为考古学的一个分支，美术考古学是从历史科学的立场出发，把各种美术品作为实物标本，研究的目标在于复原古代的社会文化。这与美术史学者从作为意识形态的审美观念出发以研究各种美术品相比，有原则性的差别。由于美术考古学的研究对象在年代上上起旧石器时代，下迄各历史时代，所以它既属于史前考古学的范围，也属于历史考古学的范围。又由于作为遗迹和遗物的各种美术品多是从田野调查发掘工作中发现的，所以美术考古学与田野考古学的关系也相当密切。

宗教考古学

宗教考古学是以有关宗教的遗迹和遗物为研究对象的考古学分支。在古代，宗教信仰普遍存在于人类社会。因此，在研究人类社会的历史时，必须把宗教活动也作为一个重要的方面。各个时代的神殿、寺庙、祭坛、祭具、造像、壁画、经卷和符箓之类，都是宗教考古学的具体研究对象，有的具有一定的美术价值，所以宗教考古学与美术考古学的关系也比较密切。在宗教考古学中，欧洲的基督教考古学，北非、西亚和中亚的伊斯兰教考古学，南亚和东亚的佛教考古学是最为重要的，它们都属于历史考古学的领域。但是，早在旧石器时代和新石器时代，人类已有宗教性的活动，并有一定的遗迹和遗物。因此，宗教考古学这一分支，也应被包含在史前考古学的领域内。

古钱学

以古钱为研究对象的考古学，称为古钱学。由于古钱的铸造年代明确，它便成为考古学断代最通常的依据之一。但是，作为考古学的一个分支，古钱学的研究有着更为广泛和重要的意义。古钱学的目标，不仅要判别各种古钱的铸造年代，而且还要通过对钱的形状、质料、重量、铭文、图纹和铸造技术的考察，究明它们的发行者和发行地点，确定它们的价值，研究铭文、图纹的意义和风格，从而为经济史、文化史乃至美术史的研究提供材料。通过对出土古钱在地域上的分布情形的考察，还可以研究世界各个地区在经济贸易和文化交流方面的情况，并为判断当时的交通路线提供线索。由于古钱是历史时代的产物，古钱学属于历史考古学的范围。

古文字学和铭刻学

作为考古学的分支，古文字学和铭刻学的研究对象必须是铸、刻或书写于遗迹和遗物上的文辞，与一般的书籍文献不同。含有文辞的遗迹和遗物，大体上可分两类。一类如墓志、碑碣、印章、甲骨、简牍、泥板、帛书和纸书等，文辞是器物的主要内容；另一类如纪念性建筑物、雕刻品、绘画、货币、度量衡器、镜鉴、工具、武器和各种容器等，铭文处于附属的地位。古文字学和铭刻学的任务在于识别铭辞的文字，判读词句的意义，区别不同时代、不同地区的字体，后者在使用拼音字母的国家里称为"古字体学"。就已经发现的古文字而言，古印度文字、契丹文字和玛雅文字等，虽然已有不少单字能够识别，但还不能顺利判读文辞。埃及古文字、苏美尔文字、迈锡尼文字（线型文字B）和商周甲骨文字等，则已能详细解读，从而对究明古埃及文明、苏美尔文明、迈锡尼时代的希腊文明和中国的殷商文明起了很大的作用。此外，对铭文的研究还可以判明遗迹和遗物的年代、制作者、所有者、所在地、用途和制造目的等。由于铭辞存在于遗迹和遗物上，其可靠程度大大超过文献的记载，不仅可补文献记载的不足，有时还可以纠正其错误。因此古文字学和铭刻学对历史考古学的研究有着很重要的意义。

航空考古学

航空考古学是指使用飞机从空中向地面摄影，通过对所得照片的观察、分析，判定遗迹和遗物的形状、种类及它们的分布情形。航空考古学开始于第一次世界大战末期。当时英国、法国和德国的考古学者利用空军侦察地形时所摄的航空照片，探寻地面上的古迹。战争结束后，此项工作进一步开展，尤以英国考古学者的工作最为出色，奠定了航空考古学的基础。数十年来，航空考古学的技术不断改进，特别是人造卫星的发明和摄影技术的发展，使得航空考古学的效果大大提升。

通过航空摄影和航天摄影显示和判别出来的遗迹，大体上可分3类：由阳光斜射时产生的阴影显示出来的，如堤坝、城墙和坟丘等遗迹；利用因土质不同而产生的土色明暗判别出来的，如坑穴、壕沟和道路等遗迹；从谷物、野草等植物的绿色深浅差异而判明的，如村落、都市、农田、道路、运河等遗址。此外，没入海中的遗迹有时也可通过空中摄影而发现。腓尼基的两个海港——推罗和西顿延续到罗马时期的港市被发现，便是著名的例子。

水底考古学

水底考古学的萌芽可上溯到16世纪意大利人在海底探寻沉船。到了20世纪初期，水底的考古调查在世界各地进行，最有名的是在墨西哥奇琴伊察玛雅文化遗址的"圣池"中寻找牺牲人和祭品，在突尼斯马赫迪耶港的海上探寻满载古希腊美术品的罗马沉船。但由于潜水条件的限制，调查时不能做精细的操作和记录。1943年发明了潜水肺，第二次世界大战后又改进了各方面的设备和条件，真正的水底考古学才得以建立。从60年代起，先是法国人在马赛附近海底发掘沉船，接着美国考古队在土耳其附近海底发掘希腊罗马时代和青铜时代晚期的沉船，不仅获得船中许多古物，而且还为研究古代造船术、航海术、海上交通和贸易提供了重要的新资料。水底考古学的对象从沉没物、沉船扩大到淹没于湖底、海中的都市和港市等的遗址，而勘察、发掘及摄影记录等的手段和方法也大为改善，从而使水底考古学以显著的速度不断取得成果。可以认为，水底考古学是田野考古学在水域的延伸。

考古学文化

用以表示考古遗迹（特别是原始社会遗迹）中属于同一时期的有地方性特征的共同体。同一文化的遗存，有着同样形式的工具、用具和相同的制作技术等。考古学文化的名称，大多以第一次发现的典型遗址的小地点命名，如"河姆渡文化""仰韶文化""龙山文化"，等等。也有以该文化中的某一具体特征性的遗物来命名的，如"细石器文化""印纹陶文化"，等等。后一种命名容易以片面的特征代替整个文化的特征，而且这种个别类型的特征遗物，还可能分属于不同的考古学文化，因而近年来这种命名方法已逐渐为人们所淘汰。

文化层

指由古代人类活动而留下来的痕迹、遗物和有机物所形成的堆积层。每一层代表一定的时期。考古工作重要且具科学意义的一项内容，即是从地层上正确地区划出上下文化层的叠压关系，根据文化层的包含物和叠压关系，确定遗址各层的文化内涵和相对年代。从各层中取样测定的孢粉资料，可以了解当时各个阶段的植被和自然环境。

遗迹

指古代的人们进行各种活动后遗留下来的痕迹。包括遗址、墓葬、灰坑、岩画、窖藏及游牧民族所遗留下的活动痕迹等。其中遗址又可细分为城堡、废墟、宫殿、村址、居址、作坊址、寺庙址等，还包括山地矿穴、采石坑、窖穴、仓库、水井、窑址、壕沟、栅栏、围墙、界壕，等等。由于地域、时代及民族的不同，遗迹面貌也各不一样。就新石器时代居址而言，各地居室的形式与营建方式各不相同，山区有洞穴居址，沿海有贝丘遗址，沼泽有干栏式建筑，平原地带、黄河、长江流域大部分地区盛行黏土木构建筑的居室或半地穴居址等。其他如城堡建筑，古代墓葬，皇帝陵墓的各种埋葬坑、人殉坑、兽殉坑、车马坑等，也都显示着地区、时代及民族各自的独特风俗、风格。

遗物

即古代人类遗留下来的各种生产工具、武器、日用器具及装饰品等，也包括墓葬的随葬品和墓中的画像石、画像砖及石刻、封泥、墓志、买地券、甲骨、石经、纺织品、钱币、度量衡器等。一般而言，遗物都经过人类有意识地加工和使用。其中未经人类加工的自然物则必须与人类活动有关且能够反映人类活动，如各种作物、家畜及渔猎或采集获得的动植物的遗存等。遗物按材质分石、陶、骨角、玉、金属等，按用途分生产工具、生活用品、随葬冥器等。

考古发掘

考古发掘可分为居住址的发掘和墓葬的发掘两类。居住址的发掘，一般要采取开探方（或探沟）的方法，以利于对各种现象的控制和记录，并留出剖面，以观察文化层的堆积。探方（或探沟）必须统一编号，以求将发掘出来的遗迹、遗物汇合起来，有条不紊地纳入总体记录中。对于各种遗迹，诸如房屋、窖藏、道路、沟渠、水井、城墙和城壕等的发掘，都要按其不同特点，采取不同的操作方法。对各种遗物，则要究明它们所在的位置和相互之间的关系，除了标明层位以外，还要记明坐标，以备查考。发掘墓葬的坟丘部分，要用"四分法"或"条分法"，其原理与发掘居住址时开探方（或探沟）相似。发掘墓室时，则要仔细清理葬具、尸骨、随葬品和它们的痕迹。不论发掘何种遗迹，都不能放过任何细微的迹象；如夯土中的杵痕、坑壁上的锹迹、房屋中的柱穴、道路上的车辙、田地中的脚印之类，都要一一清理出来。在全部发掘过程中都要做好记录工作。记录的方式主要分文字、绘图和照相三种，必要时还要制作模型。考古发掘工作的原则，就是要做到能够根据这些记录及所采集的器物，恢复居住址或墓葬在未发掘前的原状。

旧石器时代

考古学上石器时代的早期阶段。开始于约二三百万年前，结束于大约一万年前。当时人类使用比较粗糙的打制石器，过着采集和渔猎的生活，相当于人类历史上从原始群到母系氏族公社出现的前期阶段。我国已发现的旧石器时代人类化石，重要的有元谋猿人、蓝田猿人、北京猿人、马坝人、长阳人、丁村人、柳江人、山顶洞人等。有的人类化石与文化遗物同出。

新石器时代

考古学分期中石器时代的最后一个阶段，开始于约八九千年以前。磨制石器及陶器的发展，是这一时代开始的标志。纺织、畜牧和农业，使人类的生活资料有了比较可靠的来源，开始过上定居生活。目前我国发现较早的新石器时代文化的年代为公元前6000年，结束年代为公元前2000年左右。我国各地普遍发现不同类型的新石器时代文化，如河姆渡文化、良渚文化、龙山文化等。

三期论

19世纪中叶，考古学终于发展成为一门严谨的科学。这首先应该归功于史前考古学。由于史前时代没有任何文献记载，对史前史的研究必须完全依靠考古学，而史前考古学的发展又推动了整个考古学的发展。1819年，丹麦皇家博物馆馆长克雷斯蒂安·J·汤姆森从该馆所藏的史前古物着眼，提出了著名的"三期论"。他认为史前时代的丹麦经历了石器时代、铜器时代和铁器时代三个时期。不久，J·J·A·沃尔索（1821—1885）又进而把"三期论"用于野外古迹的分期，并以发掘工作中所见的地层关系作为证明。1843年，沃尔索发表了《丹麦原始时代古物》一书，"三期论"从此成为史前考古学的研究基础。后来证明，这种分法用在欧洲是可行的，但是用于世界的其他一些地区则有问题，因为有的地区现在还处于石器时代。

地层学和类型学断代

考古学的年代，可分为"相对年代"和"绝对年代"。前者是指各种遗迹和遗物在时间上的先后关系，后者是指它们的出现距今已有多少年。严格说来，两者属于不同的概念。断定相对年代，通常是依靠地层学和类型学的研究，这是考古学范围内的两种主要的断代法。

地层学断代的要旨，是先确认各文化层次序的先后以断定它们的相对年代，然后再以各层所含的遗物断定各层的绝对年代。这里，有两条必须遵守的基本原则:各层（或各墓）所含年代最晚的一件遗物，是代表该层（或该墓）可能的最早年代；各层（或各墓）的年代，可以以该层所压和被压的上下两层的年代分别作为它的上限和下限。

类型学断代的要旨，是将遗物或遗迹按型式排比，把用途、制法相同的遗物（或遗迹）归成一类，并确定它们的标准型式（或称标型），然后按照型式的差异程度的递增或递减，排出一个"系列",这个"系列"可能便代表该类遗物(或遗迹)在时间上的演变过程,从而体现了它们之间的相对年代。遗物(或遗迹)在形式上的演变既有进化,也有退化,不能一概而论。所以,若能设法断定这个"系列"中的最前一端和最后一端的绝对年代,其在断代上的效果就会更好。此外,存在于不同种类的遗物(或遗迹)中的平行的"系列"越多,通过互相对照,断代的结论也越可靠。

放射性碳素断代

放射性碳素断代是利用死亡生物体中碳-14不断衰变的原理进行断代的技术。它是考古上应用最广泛的一种测定年代的方法。1949年开始实际用于考古年代测定。一般适用的范围在5万年以内。美国芝加哥大学 W·F·利比(1908—1980)教授是本方法的奠基人。这个方法的一个基本假定是大气中碳-14浓度自古以来保持不变。现在根据树木年代学和碳-14年代对比的结果,确知大气中的碳-14浓度实际上是有起伏的,因而碳-14年代与真实年代存在差距。年代越早偏差越大。因此碳-14年代必须经与树轮年代对比校正,才接近于真实年代。

树木年轮断代

利用树木年轮的生成规律来进行断代的技术。它是现阶段最精确的断代方法。还可用于校正碳-14年代。

这种方法的原理是:树木生长,每年春长秋止,在树干横截面上木质疏密相间,显出圆圈即所谓年轮。年轮的数目就是树龄。年轮的宽窄与气候条件密切相关。旱年生长受到限制,年轮就窄;雨量充沛、气候温润的年份,生长繁茂,年轮就宽。同一气候区中同种树木的不同个体，在同一时期内年轮的宽窄谱是相似的。如果一棵活树内层的一段年轮谱同死树的外层年轮谱一致，就证明此死树是前一阶段生长的，与此活树有过共同生长期，能互相衔接起来。如果此死树的内层年轮谱同更老的死树的外层年轮谱一致，就又可以衔接起来。依此类推，只要找到适当的树木，就可以一直衔接到史前时期，建立起本地区的主年轮序列。这相当于反映气候变化的一部编年史。同一气候区的考古木头样品的年轮谱，只要与上述主年轮序列对照，就可以定出非常准确的年代。

这种方法原则上比较简单，实际上很不容易做到。首先，并不是各地所有的树木都能很好地反映出气候的变化，形成理想的特征年轮谱。其次，不容易找全各个时期的木头，建立不间断的年轮序列。

科学的树轮年代学是20世纪初由A·E·道格拉斯研究建立起来的。道格拉斯及其后继人在美国西南部成百个考古遗址中收集了成千件木结构样品，互相衔接可上溯到2000多年以前。

热释光断代

利用绝缘结晶固体的热释光现象来进行断代的技术。适用于陶器及其他火烧黏土样品。测定年代的范围可达数十万年。陶器是普遍、大量出土的古物也是考古学研究的重要对象。用陶器作测定年代的标本比放射性碳素断代用的有机物标本更为有利。热释光所测年代是陶器停止焙烧的年代，而放射性碳素断代所测如木头的年代，可能比遗址的年代早数十年甚至数百年，从这一点看，用热释光断代测出的年代更有参考价值。可是实际上存在许多因素使热释光测定年代的精度受到限制，定出的年代误差一般

在 ± 10％左右，最好的情况可能达到 ± 5％，不如放射性碳素断代精确可靠。但用它鉴定陶器的真伪则比较快速有效。另外热释光断代还可用于旧石器时代和第四纪的年代测定，火山熔岩及其烘烤过的土层、遗址中火烧过的大石块等都可以取样断代。

古地磁断代

包括考古地磁断代和地层沉积磁性断代。前者是利用某些古物的热剩磁性进行断代的技术，用于新石器时代以来的窑、炉、灶、砖、瓦、陶瓷的年代测定。后者是利用地层沉积磁性随地磁极性倒转而倒转的现象进行地层断代的技术，多用于古人类遗址的断代。

钾－氩断代

利用矿物质中钾－40衰变成氩－40的原理来进行断代的技术。测定年代的范围在10万年以上。它是古人类学中常用的放射性断代方法之一。钾－氩断代法主要应用于地质学上测定火山岩的年代，因为钾－40的半衰期很长，约有13亿年，年轻样品累积的氩－40很少，不易测准，误差较大。考古上的应用主要是确定年代久远的旧石器时代早期遗址和古人类的年代。如遗址或古人类化石被埋在火山灰中，或者遗址地层与火山岩层相关联能进行比较，则可利用此种火山岩作钾－氩法测定，以定出古人类遗址的绝对年代。